아, 돌아가야지!

중국 자연시선

아, 돌아가야지!
중국 자연시선

김하풍 옮김

초판 1쇄 인쇄 2013년 7월 22일 **초판 1쇄 발행** 2013년 7월 31일
발행인 임덕호 **발행처** 한양대학교출판부
주소 133-791 서울 성동구 왕십리로 222 **전화** 02)2220-1432~4 **팩스** 02)2220-1435
홈페이지 www.press.hanyang.ac.kr **전자우편** presshy@hanyang.ac.kr
출판등록 제4-7호(1972년 2월 29일) **인쇄처** 네오프린텍㈜

ISBN 978-89-7218-427-0 93820

아 돌아가야지

중국 자연시선

김하풍 옮김

歸去來兮
中國 自然詩選

金河豊 編譯

한양대학교출판부

머리말

이 시선의 제목 "아, 돌아가야지!"는 두 말할 것 없이 동진(東晉)의 시인, 도연명(陶淵明)의 "귀거래사"(歸去來辭)[1]에서 온다. 어디로 돌아가는가. 시인의 뜻은 분명하다. 곧, 시골의 밭과 뜰로. 이 책의 주제로는 그 뜻을 더욱 넓혀서, 자연(自然)으로 돌아간다는 뜻으로 쓰겠다. 여기서 "자연"이란 근본적으로 노자(老子)의 자연 개념으로 보겠지마는, 물론 지금 그것을 논할 것이 아니다. 그 대신, 독자는 동양화의 산수화(山水畵)가 그리는 자연으로 상상함이 좋으리라. 산과 물의 자연. 그런 뜻에서, 자연에 돌아가 살자는 것이 이 책의 주제라 하겠다.

또 많이 읽혀지는 도연명의 시의 하나가 "전원으로 돌아오네"(歸園田居)이다. 이 시에서 시인은 시골의 밭과 뜰에 돌아가려는 동경심을 마치 줄에 발목이 매여 훨훨 날지 못하는 새가 옛 숲을 그리는 마음과 또 작은 연못에 갇힌 물고기가 깊은 옛 못을 그리는 심정에 비한다. 이와 같은 비

---

[1] 원래 제목은 "귀거래혜사"(歸去來兮辭).

유는 시인이 떠나가려는 현재의 세계가 갇힌 세계임을 암시하겠다. 그는 이 세계를 "먼지 그물"(塵網)이라 부른다. 자연으로 돌아가자는 마음은 바로 이 "먼지 그물"에서 해방되려는 마음이다. "먼지 그물"이란 사람이 만든 세계, 곧 인간의 문명사회를 가리키겠다. (그런 면에서 도연명이 말하는 "먼지"란 실상 문명의 "먼지"라 할까) 여기서 우리는 분명히 자연과 문명사회의 대치를 본다. 독자는 자연 대 문명의 대치를 이 선집에 실린 시들에서 찾아볼 것이다.

왜 갇힌 새는 옛 숲을, 갇힌 물고기는 옛 못을 그리워하는가. 옛 숲에 가서 혹은 옛 못에 가서야 비로소 제가 태어난 생명의 의욕을 자유로이 발휘하고, 생명체로서의 필요 조건을 충족시킬 수 있기 때문임은 물론이다. 갇힌 새나 물고기의 동경에서와 같이, 문명을 떠나 자연으로 돌아가려는 인간의 동경 속에 우리는 또 생명체로서의 인간 의욕을 엿보겠다. 이 면에서 자연은 인간이 인간으로서의 생명 의욕을 자유롭게 발휘할 수 있는, 말하자면 하늘이 인간에게 준 본래의 자리이자 살림터라 하겠으며, 거기서 인간도 제 숲에 돌아간 새처럼, 비로소 참된 생명의 환희를 느낄 수 있다고 하지 않겠는가. 이렇게 말한다고 해서 반드시 인간의 생명 의욕 충족이 공동사회에서는 전혀 불가능하다는 것은 아니다. 또 반드시 사회 질서나 규범과 상

반한다는 것도 아니다. 실상, 공동사회가 오히려 어떤 생명의욕을 충족시키는 데에 도움이 될 수 있음은 부정할 수 없다. 하지만 여기서 강조해야 할 사실은 고금동서를 막론하고 문명사회 치고 인간의 생명의욕 충족을, 정도의 차이는 있을지언정, 인위적으로 제한하지 않는 사회가 없다는 것이다. 그러기에 어느 문명사회에서든지 사회 제약 때문에 한탄하는 노래나 그것에 항거하는 시를 읽고 듣게 되는 것이 아닌가. 우리는 그런 노래나 시에서 자연에 돌아가려는 생명의 부르짖음을 듣겠다.

중국은 주조(周朝) 전반 (약 기원 전 11-7세기)의 노래를 주로 실은 『시경』(詩經)에서 시작하여, 그 오랜 역사를 통하여 이루 헤아릴 수 없는 수의 시와 노래를 남겼다. 그 허다한 작품들 속에서 우리는 자연에 대한 동경뿐 아니라 자연 속에 사는 기쁨을 노래하는 생명의 음성을 듣겠다. 이 시선(詩選)은 한 마디로 말해서 이와 같은 생명의 발현인 중국시를 모은 것이다. 따라서 생명체로서의 인간의 본성과는 상관없는, 말하자면 소외된 음성들은 이 선집에서 제외된다. 예를 들면 천자(天子)의 위덕을 칭송하는 궁정 신인들의 작품, 혹은 충효나 열녀의 미덕을 찬양하는 따위의 교화적 시들은 이 책에서는 볼 수 없을 것이다. 시 중에는 귀에는 아름답게 들리지만, 내용적으로 공허한 시, 즉 구체

적인 심상 혹은 이미지가 결여된 시들이 많다. 특히 형식을 중요시하는 이른바 율시(律詩)에는 이런 유의 시들이 적지 않다. 물론 그런 시들도 이 선집에서는 찾아보기 힘들 것이다. 앞에서 자연은 하늘이 인간에게 준 본래의 살림터라 하였다. 그렇다면 산과 물의 자연을 노래하는 산수시(山水詩)나 그 살림을 노래하는 전원시(田園詩)가 이 책의 태반을 차지함은 자명하겠다.

『시경』에 두어 세기가량 뒤떨어져서 나온 중국의 시집이 『초사』(楚辭)이다. 제I부에는 중국시의 두 전통의 시조라 할, 이 두 시집에 실린 시 외에, "고시"(古詩)로 알려진 한대(漢代)의 시들도 함께 포함시켰다. 『시경』에서는 열일곱 수의 노래, 『초사』에서는 굴원(屈原)의 긴 시 두 편, 그리고 『문선』(文選)[2]에서 추린 "고시" 다섯 수를 옮긴다. 제Ⅱ부에는 삼국시대(三國時代) 이후에 나오는 저명 시인들을 싣는다. 즉, 위(魏), 진(晉), 남북조(南北朝)를 거쳐, 당(唐), 송(宋), 명대(明代) 초기까지, 약 30인의 시인들의 작품이다. 다 합쳐 백오십 수 가량 되겠다. 물론 여기에 도연명을 위시하여, 왕유(王維), 이백(李白), 두보(杜甫), 백거이(白居易), 소식(蘇軾), 육유(陸游) 등, 많이 알려진 시인들이 나오는데, 그 외에도 시인으로는 비교적 덜 알려진, 유종원(柳宗元),

---

2) 『문선』, 아래 p. 38 (주 12) 참조.

한유(韓愈), 구양수(歐陽修), 왕안석(王安石)과 같은 이름들이 나온다. 이 시인들은 물론 산수시나 전원시 외에도 여러 가지 장르의 시를 썼다. 하지만 특히 당대(唐代) 이후의 이 모든 시인들이 다 자연과 전원생활을 노래한 면에서, 도연명의 후예라고 해도 과언이 아니리라. 이것이 그들을 이 선집의 제목 "아, 돌아가야지!" 아래 모은 근거라 하겠다.

차례

제I부

『詩經(시경)』

[『시경』은 중국에서 가장 오래된 시집이라 하겠다. 서기전 12세기에 주무왕(周武王)이 은조(殷朝)를 쳐서 멸망시킨 후, 주조가 호경(鎬京)에서 그 전성기를 이루고, 그 후 동천(東遷)하여 춘추시대(春秋時代) (770-320) 초기에 이르기까지, 약 400년간의 중국의 시가를 모은 시집이다. 그러니 이 시들은 공자 이전의 것이다. 『시경』에 실린 300여 편의 노래와 시에는 조정의 제사나 향연을 노래한 시를 비롯하여, 각 지방의 민간 가요들도 포함돼 있다. 현재 통용되는 『시경』은 한(漢)의 모형(毛亨)이 전하는 것이어서, 특히 『모시』(毛詩)라 일컫기도 한다.

『시경』의 시형(詩形)은 구(句)마다 네 글자로 된 이른바 사언시(四言詩)이다. 이는 중국시 중 가장 오랜 형식이며, 소박하고도 동시에 때로 장중감을 주기도 한다. 여기서 특히 지적할 것은 『시경』의 시 중 태반이 첫 구절에서 산이나, 내, 초목, 금수와 같은 자연 현상이나 광경을 그림으로써, 그 이미지를 통하여 시제(詩題)에 알맞은 시정(詩情)을 불러일으킨다는 사실이다. 이것이 『모시』의 서(序)에서 말하는 바 시의 "흥"(興)이다. 이 형식은 중국시의 전통의 일면을 이루며, 자연의 이미지를 빌어 시의 주제를 읊는 후세 중국시에서 많이 엿볼 수 있다.

『시경』에서 열일곱 수를 옮긴다.[3]

1. 關關	1. 관관
關關雎鳩	"관, 관," 물수리
在河之洲	물가에서 우는 소리.
窈窕淑女	아름다워라 저 상냥스런 색시,
君子好逑	님의 좋은 짝이어라.
參差荇菜	길고 작은 마름풀 이곳저곳,
左右流之	좌우에 흐르는 물.
窈窕淑女	아름다워라 저 상냥스런 색시,
寤寐求之	자나 깨나 구하네.

---

3) 『시경』에는 고대 중국어가 사용된 구절이 많다. 그런 시구를 옮김에 있어서 역자는 특히 Arthur Waley의 번역, *The Book of Songs* (New York: Grove Press, 1937)와 目加田誠의 일어 번역, 『詩經・楚辭』(東京: 平凡社, 1979)에서 크게 도움을 받았다. 시의 번호는 『모시』의 순서를 따른 것인데, Arthur Waley의 "Finding List"에 의거한다.

求之不得	구하건만 얻지 못해,
寤寐思服	자나 깨나 마음속에 그리워.
悠哉悠哉	아, 가엾어라, 가엾어라.
輾轉反側	누워서 몸을 뒤척이네.
參差荇菜	길고 작은 마름풀 이곳저곳,
左右采之	좌우로 가면서 캐네.
窈窕淑女	아름다워라 저 상냥스런 색시,
琴瑟友之	금슬을 타며 벗 삼으리.
參差荇菜	길고 작은 마름풀 이곳저곳,
左右芼之	좌우로 가면서 골라 캐네.
窈窕淑女	아름다워라 저 상냥스런 색시,
鐘鼓樂之	종과 북을 치며 즐기리.

30. 終風 / 30. 바람이 종일 불던 날

終風且暴	사나운 비바람이 종일 불던 그 날,
顧我則笑	그대는 나 보고 웃었지.
謔浪笑敖	가혹한 농담, 비웃는 웃음,

中心是悼	내 가슴 아팠네.
終風且霾	바람이 종일 불며 흙비 내리던 그 날,
惠然肯來	그대는 정답게도 온다고 했지.
莫往莫來	오도 가도 않았네.
悠悠我思	내 생각 끝없었네.
終風且曀	바람이 종일 불어 캄캄했던 그 날.
不日有曀	햇빛이 사라졌네.
寤言不寐	늘 깨어 잠 잃고,
願言則嚏	그리움에 한숨만 쉬네.
曀曀其陰	아, 캄캄한 이 어두움.
虺虺其靁	천둥이 울리네.
寤言不寐	늘 깨어 잠 잃고,
願言則懷	그리움에 서럽기만 해.

45. 柏舟 / 45. 잣나무 배

汎彼柏舟	저 강물 위에

在彼中河	떠 흘러가는 잣나무 배.
髧彼兩髦	이마에 다팔머리 한 그,
實維我儀	실로 나의 평생 짝으로 여겼지,
之死矢靡它	죽도록 딴 여인 바라보지 않으리 라고.
母也天只	어머니여, 하늘이여,
不諒人只	사람의 속이란 알 수 없네.

汎彼柏舟	저 강 한 쪽으로
在彼河側	떠 흘러가는 잣나무 배.
髧彼兩髦	이마에 다팔머리 한 그,
實維我特	실로 평생 남편감으로 여겼지.
之死矢靡慝	죽도록 언약 어기지 않으리라고.
母也天只	어머니여, 하늘이여,
不諒人只	사람의 속이란 알 수 없네.

49. 鶉之奔奔 　 49. 사나운 메추라기

鶉之奔奔	사나운 메추라기,
鵲之疆疆	강탈하는 까치.

人之無良	저 못된 사람,
我以爲兄	형이라 불러야 하나.

鵲之彊彊	강탈하는 까치,
鶉之奔奔	사나운 메추라기.
人之無良	저 못된 사람,
我以爲君	님이라 불러야 하나.

52. 相鼠 52. 쥐를 보라

相鼠有皮	쥐를 보라, 살가죽 있네.
人而無儀	사람이건만 예절 없어.
人而無儀	사람이건만 예절 없이,
不死何爲	죽지 않고 뭘 하나.

相鼠有齒	쥐를 보라, 이빨 있네.
人而無止	사람이건만 체면 없어.
人而無止	사람이건만 체면 없이,
不死何俟	죽지 않고 뭘 바라나.

相鼠有體	쥐를 보라, 몸 가졌네.
人而無禮	사람이건만 예 없어.
人而無禮	사람이건만 예 없이,
胡不遄死	왜 어서 죽지 않나.

64. 木瓜 　 64. 모과

投我以木瓜	저 색시 내게 모과 던졌지.
報之以瓊琚	기뻐 붉은 패옥 주었지.
匪報也	답례 아니라,
永以爲好也	영원한 사랑으로였지.

投我以木桃	저 색시 내게 복숭아 던졌지.
報之以瓊瑤	기뻐 아름다운 옥 주었지.
匪報也	답례 아니라,
永以爲好也	영원한 사랑으로였지.

投我以木李	저 색시 내게 자두 던졌지.
報之以瓊玖	기뻐 검은 옥을 주었지.
匪報也	답례 아니라,

永以爲好也　　영원한 사랑으로였지.

92. 揚之水　　92. 센 물살

揚之水　　센 물살에
不流束楚　　싸리나무 묶음 흘러가지 않나.
終鮮兄弟　　평생 드문 형제,
維予與女　　그대와 나 뿐.
無信人之言　　남들이 말하는 걸 믿지 말게,
人實迋女　　저들은 참으로 그대를 속이고 있네.

揚之水　　센 물살에
不流束薪　　섶나무 묶음 흘러가지 않나.
終鮮兄弟　　평생 드문 형제,
維予二人　　우리 둘 뿐.
無信人之言　　남들이 말하는 걸 믿지 말게,
人實不信　　저들은 참으로 믿을 수 없네.

93. 出其東門	93. 저 동문 밖
出其東門	저 동문밖엔
有女如雲	처녀들 구름 같이 많네.
雖則如雲	구름 같이 많아도,
匪我思存	내 맘의 여인 없어.
縞衣綦巾	흰 옷에, 쑥빛 허릿띠 두른 처녀,
聊樂我員	오직 나의 즐거운 동무.
出其闉闍	저 중문밖엔
有女如荼	처녀들 차풀 같이 아름답네.
雖則如荼	차풀 같이 아름다워도,
匪我思且	내 맘 속에 그리는 여인 없어.
縞衣茹藘	흰 옷, 빨간 꼭두서니 빛 치마 입은 처녀,
聊可與娛	오직 함께 즐기려네.

94. 野有蔓草	94. 들에 넌출풀 자라네
野有蔓草	들에 넌출풀 자라네.

零露溥兮	이슬 내려 폭 젖었네.
有美一人	저 아름다운 사람,
清揚婉兮	맑은 눈길 참으로 고와라.
邂逅相遇	우연히 서로 만났지.
適我願兮	아, 내 소원에 꼭 맞는 사람.

野有蔓草	들에 넌출풀 자라네.
零露瀼瀼	이슬에 흠뻑 젖었네.
有美一人	저 아름다운 사람,
婉如清揚	참으로 고와라 맑은 눈길.
邂逅相遇	우연히 서로 만났지.
與子偕臧	아, 만남이 얼마나 기꺼워.

113. 碩鼠　　113. 큰 쥐

碩鼠碩鼠	큰 쥐야, 큰 쥐야!
無食我黍	우리 기장 먹지 마라.
三歲貫女	삼년 동안 그대 위해 일했건만,
莫我肯顧	우릴 돌보지도 않았지.
逝將去女	드디어 우린 그대 떠나,

適彼樂土	저 낙토로 가네.
樂土樂土	낙토, 낙토!
爰得我所	거기엔 우리 숨 쉴 곳이 있다네.
碩鼠碩鼠	큰 쥐야, 큰 쥐야!
無食我麥	우리 보리 먹지 마라.
三歲貫女	삼년 동안 그대 위해 일했건만,
莫我肯德	우리에게 덕 베풀 줄 몰랐지.
逝將去女	드디어 우린 그대 떠나,
適彼樂國	저 행복의 나라로 가네.
樂國樂國	행복의 나라, 행복의 나라!
爰得我直	거기선 우리 떳떳이 살겠네.
碩鼠碩鼠	큰 쥐야, 큰 쥐야!
無食我苗	우리 볏모 먹지 마라.
三歲貫女	삼년 동안 그대 위해 일했건만,
莫我肯勞	우리 고생 알아보지 않았지.
逝將去女	드디어 우린 그대 떠나,
適彼樂郊	저 행복의 고을로 가네.
樂郊樂郊	행복의 고을, 행복의 고을.
誰之永號	거기선 탄식하는 소리 안 들린다네.

114. 蟋蟀	114. 귀뚜라미
蟋蟀在堂	귀뚜라미 집안에서 우네.
歲聿其莫	이 해도 저물어 가.
今我不樂	지금 우리 즐기지 않으면
日月其除	세월이 그냥 가 버려.
無已大康	즐겨도 너무 지나치지 말게.
職思其居	제 처지를 생각해야지.
好樂無荒	재미 보되, 난잡하지 말게,
良士瞿瞿	착한 사람은 언제나 조심스러워.
蟋蟀在堂	귀뚜라미 집안에서 우네.
歲聿其逝	이 해도 다 가.
今我不樂	지금 우리 즐기지 않으면
日月其邁	세월이 흘러 가 버려.
無已大康	즐겨도 너무 지나치지 말게.
職思其外	남들 생각해야지.
好樂無荒	재미 보되, 난잡하지 말게.
良士蹶蹶	착한 사람은 언제나 방심치 않아.
蟋蟀在堂	귀뚜라미 집안에서 우네.

役車其休	밭 일 끝나 수레도 쉬어.
今我不樂	지금 우리 즐기지 않으면
日月其慆	세월이 헛되이 가 버려.
無已大康	즐겨도 너무 지나치지 말게.
職思其憂	걱정할 일 생각해야지.
好樂無荒	재미보되, 난잡하지 말게.
良士休休	착한 사람은 언제나 여유 있다네.

138. 衡門 138. 형문

衡門之下	형문[4] 밑에서도
可以棲遲	편히 살겠네.
泌之洋洋	졸졸 흐르는 샘물
可以樂飢	목마름 축이겠네.

豈其食魚	먹을 물고기
必河之魴	어찌 하필 황하 방어여야 할까.
豈其敢妻	아내 삼을 색시
必齊之姜	어찌 하필 제나라 강[5]씨여야 할까.

[4] 형문은 두 개의 기둥에 횡목 하나 올린 대문, 허술한 대문을 가리킨다.

豈其食魚
必河之鯉
豈其敢妻
必宋之子

먹을 물고기
어찌 황하 잉어여야 할까.
아내 삼을 색시
어찌 하필 송나라 자[6]씨여야 할까.

139. 東門之池

139. 동문 옆 못

東門之池
可以漚麻
彼美淑姬
可與晤歌

동문 옆 못
삼 불리기 좋네.
저 아름다운 숙희
같이 노래 부르기 좋아.

東門之池
可以漚紵
彼美淑姬
可與晤語

동문 옆 못
모시 불리기 좋네.
저 아름다운 숙희
같이 이야기하기 좋아.

東門之池

동문 옆 못

---

5) 강씨는 제(齊)의 군주의 성.
6) 자씨는 송(宋)의 군주의 성.

可以漚菅	꼴 불리기 좋네.
彼美淑姬	저 아름다운 숙희
可與晤言	같이 말하기 좋아.

140. 東門之楊　140. 동문 옆 버들

東門之楊	동문 옆 버들
其葉牂牂	잎 빽빽이 자랐네.
昏以爲期	어둠에 서로 만나길 약속했거늘,
明星煌煌	저 샛별이 환하네.
東門之楊	동문 옆 버들
其葉肺肺	잎 싱싱하게 우거졌네.
昏以爲期	어둠에 서로 만나길 약속했거늘,
明星晢晢	저 샛별이 반짝이네.

156. 東山　156. 동쪽 산 속

我徂東山	나 동쪽 산 속에 종군해 가

慆慆不歸	오래도록 귀가 못했네.
我來自東	내가 동쪽에서 왔소,
零雨其濛	부슬비 내리네.
我東曰歸	나는 동쪽에서 귀가 꿈꾸며,
我心西悲	마음은 서쪽 생각에 슬펐지.
制彼裳衣	저 평복 지어 입고,
勿士行枚	대가락[7] 버렸네.
蜎蜎者蠋	저 움직거리는 뽕나무벌레
烝在桑野	뽕나무 밭에 많기도 하네.
敦彼獨宿	늘 혼자 밤을 지내며
亦在車下	수레 밑에 누웠지.

我徂東山	나 동쪽 산 속에 종군해 가
慆慆不歸	오래도록 귀가 못했네.
我來自東	내가 동쪽에서 왔소,
零雨其濛	부슬비 내리네.
果臝之實	박 열매
亦施于宇	처마 위에 뻗어 나가네.
伊威在室	집안에 쥐며느리 기어다니고,

[7] 目加田의 주에 의하면, 중국 고대에 병정들은 행군 중에 젓가락 같은 대나무 조각을 입 속에 넣었다고 한다. 그들이 행군 중에 불평하거나 투덜거리는 것을 막기 위해서였다고 한다.

蠨蛸在戶　　문엔 거미줄,
町畽鹿場　　밭은 노루 놀이터,
熠燿宵行　　밤길엔 도깨비불.
不可畏也　　하나 두려울 것 없어,
伊可懷也　　되레 정드네.

我徂東山　　나 동쪽 산 속에 종군해 가
慆慆不歸　　오래도록 귀가 못했네.
我來自東　　내가 동쪽에서 왔소,
零雨其濛　　부슬비 내리네.
鸛鳴于垤　　황새 개밋둑에서 울고,
婦歎于室　　아내는 방에서 한숨짓네.
洒埽穹窒　　방바닥 씻고 쓸고, 벽 틈 막소,
我征聿至　　드디어 내가 돌아왔소.
有敦瓜苦　　저 쓴 박
烝在栗薪　　밤나무 장작더미 위를 기어가네.
自我不見　　내가 저걸 보지 않은지
于今三年　　벌써 삼년 되네.

我徂東山　　나 동쪽 산 속에 종군해 가
慆慆不歸　　오래도록 귀가 못했네.

我來自東	내가 동쪽에서 왔소,
零雨其濛	부슬비 내리네.
倉庚于飛	날아가는 꾀꼬리
熠燿其羽	날개 번쩍이며.
之子于歸	아가씨 시집가네.
皇駁其馬	한 쌍 말, 밤 빛, 노란 빛.
親結其縭	어머니가 색시 허리 끈 매 주었네,
九十其儀	혼례 준비 빠짐없이 끝났네.
其新孔嘉	아, 예뻐라 저 새색시.
其舊如之何	묵은 아낙은 어떤고.

230. 緜蠻 / 230. 꾀꼬리 우는 소리

緜蠻黃鳥	우는 꾀꼬리
止於丘阿	저 언덕 위에 앉았네.
道之云遠	갈 길 멀고,
我勞如何	나는 지쳐, 어찌할꼬.
飮之食之	물주고, 먹여라,
敎之誨之	타이르고, 꾸짖어라.
命彼後車	저 뒷 수레에 명해,

謂之載之	타도록 일러라.

緜蠻黃鳥	우는 꾀꼬리
止于丘隅	저 언덕 모퉁이에 앉았네.
豈敢憚行	어찌 차마 행진 싫다 할꼬.
畏不能趨	빨리 걷지 못함이 두렵네.
飮之食之	물주고, 먹여라.
敎之誨之	타이르고, 꾸짖어라.
命彼後車	저 뒷 수레에 명해,
謂之載之	타도록 일러라.

緜蠻黃鳥	우는 꾀꼬리
止于丘側	저 언덕 옆에 앉았네.
豈敢憚行	어찌 차마 내가 행진 싫다 할꼬.
畏不能極	행진 마치지 못할 것 두렵네.
飮之食之	물주고, 먹여라.
敎之誨之	타이르고, 꾸짖어라.
命彼後車	저 뒷 수레에 명해,
謂之載之	타도록 일러라.

234. 何艸不黃

何艸不黃
何日不行
何人不將
經營四方

何艸不玄
何人不矜
哀我征夫
獨爲匪民

匪兕匪虎
率彼曠野
哀我征夫
朝夕不暇

有芃者狐
率彼幽艸
有棧之車
行彼周道

234. 어느 풀 노래지지 않나

어느 풀 노래지지 않나.
어느 날 행진하지 않나.
어느 누가 끌려가지 않나
사방 경영에.

어느 풀 까매지지 않나.
어느 누가 가엾지 않나.
아, 슬퍼라 우리 병사들,
우리만 사람 아니네.

들소도 범도 아니건만
우리 저 광야를 가네.
아, 슬퍼라 우리 병사들.
아침저녁 쉴 새 없이 가네.

여우들이 치렁치렁 꼬리 끌며
무성한 풀밭을 가네.
우린 손수레 밀며
저 큰 길을 행진하네.

『楚辭(초사)』

屈原(楚) 굴원 (서기전 340? - 278?)

[다음 두 시는 『초사』(楚辭)에 실린 굴원의 시편 「구장」(九章) 중에서 추린 것이다. 『초사』는, 『시경』 다음 오래 가는 중국 시선인데, 수록된 시들 중에는 굴원 외에 다른 시인들의 작품도 포함된 것으로 알려져 있다. 굴원은 중국에서는 처음 나오는 시인의 이름이며, 이른바 초사체(楚辭體)의 창시자이다. 이 체는 소체(騷體)라고도 불리는데, 소체란 『초사』의 첫 장인 "이소"(離騷)라는 장편의 시체를 가리킨다. "이소"는 굴원의 자서전적인 작품이다. 굴원은 원래 초나라 왕족 출신으로 회왕(懷王)을 모시고 있다가 왕의 신망을 잃고 유적 생활을 하게 되는데, "이소"에서 그 때의 한탄스런 심정을 비유적으로 그린다. 그는 여러 해 동안 동정호(洞庭湖) 주변을 방랑하다가, 드디어 멱라수(汨羅水)에 몸을 던져 죽는다. 이 사실은 아래 두 시의 뜻을 파악하기에 도움이 되리라. 그것을 염두에 두고 읽을 때, 아마 첫째 시 "귤나무를 기리는 노래"의 숨은 의미가 드러날 것이며, 또 둘째 시 "회오리바람을 슬퍼하네" 속에 일관된 애

조를 이해할 수 있으리라.]

橘頌	귤나무 기리는 노래[8]
后皇嘉樹	하느님의 아름다운 나무,
橘徠服兮	귤나무 이 땅에 왔네.
受命不遷	옮기지 말라는 천명 받아,
生南國兮	이 남쪽 나라에 자라네.
深固難徙	깊이 뿌리 박혀, 이식하기 어려워.
更壹志兮	더욱이 뜻은 오직 하나.
綠葉素榮	푸른 잎, 흰 꽃,
紛其可喜兮	그 아름다움 얼마나 즐거워.
曾枝剡棘	겹친 가지들, 뾰족한 가시들,
圓果摶兮	둥근 열매 손 안에 잡히네.
青黃雜糅	청색 황색 섞여,
文章爛兮	문채 찬란해라.

---

8) 이 시와 다음 시를 옮김에 있어서 David Hawkes의 번역, *The Songs of the South: An Ancient Chinese Anthology of Poems by Qu Yuan and Other Poets*와 目加田誠의 『詩經・楚辭』가 많은 도움이 되었다.

精色內白	밖은 조촐한 빛, 속은 희어,
類任道兮	덕인에 유사하네.
紛緼宜修	화려하되 잘 가꾸어져,
姱而不醜兮	아름답고 허물없네.
嗟爾幼志	아, 그대의 젊은 뜻
有以異兮	남들과 다르네.
獨立不遷	홀로 우뚝 서, 변함없어.
豈不何喜兮	어찌 즐겁지 않으랴.
深固難徙	깊이 뿌리 박혀, 이식하기 어려워.
廓其無求兮	활짝 터진 마음, 욕심 없네.
蘇世獨立	세상사에 조심하여 홀로 서서
橫而不流兮	흐름에 거슬러 버티네.
閉心自愼	속세에 닫힌 마음 스스로 근신하여,
終不過失兮	종내 잘못 저지르지 않네.
秉德無私	덕을 지켜 사심 없어,
參天地兮	천지조화에 참여하네.
願歲并謝	바라건대 세월이 시시로 사라져

	가되
與長友兮	오래 서로 벗이 되기를,
淑離不淫	순결하고 초연하여 방탕스럼 없이,
梗其有理兮	타고난 결에 충실하기를.
年歲雖少	비록 나이 젊으나,
可師長兮	가히 스승이 되겠네.
行比伯夷	행실은 백이[9]에 비해.
置以爲像兮	모범으로 삼겠네.

悲回風 / 회오리바람을 슬퍼하네[10]

悲回風之搖蕙兮	슬퍼라 회오리바람 난초 뒤흔드네.
心寃結而內傷	원망스러워, 가슴 아파.
物有微而隕性兮	연약하니 쉬이 상하며,
聲有隱而先倡	소리 없이 먼저 유린당하네.

---

[9] 백이는 은조(殷朝) 말기의 인물. 주무왕(周武王)에 의해 은이 망한 뒤에, 주조 치하의 땅에서 난 곡식을 먹기를 거부하고, 아우 숙제(叔齊)와 같이 수양산에 들어가 고사리를 캐어 먹으며 살다가 굶어 죽는다. 중국 역사상 고결한 인물의 상징이다.

[10] 이 시의 전반만 여기에 옮긴다. 특히 마지막 부분에 대해선 학자들 간에 그 진위성에 대해 이론이 많다. Hawkes, *The Songs of the South*, pp. 179-180, 참조

夫何彭咸之造思兮	아, 팽함[11]이 품은 뜻,
曁之介而不忘	그 굳은 뜻 본받아 잊지 않으리.
萬變其情豈可蓋兮	사람들 마음 천만 번 변해, 어찌 숨기랴.
孰虛僞之可長	어찌 거짓이 오래 가랴.

鳥獸鳴以號羣兮	금수는 울며 제 떼 부르고,
草苴比而不芳	우거진 풀밭 향기 없네.
魚葺鱗以自別兮	물고기는 비늘을 자랑스레 번적이고,
蛟龍隱其文章	용은 몸의 무늬를 숨기네.
故荼薺不同畝兮	그러므로 차풀과 냉이는 같은 밭에 안 자라고,
蘭茝幽而獨芳	난초와 창포는 으늑한 곳 찾아 혼자 향기 풍기네.

惟佳人之永都兮	오직 선한 이의 영광만이
更統世而自貺	세세 대대 빛나리.
眇遠志之所及兮	아득하여라 그 높은 뜻 다다르는 곳.
憐浮雲之相羊	가엾어라 하늘에 뜬 구름인양.

11) 왕일(王逸)의 주에 의하면, 팽함은 은(殷)의 현인이었는데, 왕이 그의 간언을 듣지 않자 물에 몸을 던져 죽었다고 한다. 굴원은 이 시에서 뿐 아니라 다른 시에서도 팽함을 그의 이상의 현인으로 찬양한다.

介眇志之所惑兮	고원한 그의 뜻 눈부셔라,
竊賦詩之所明	시로 남몰래 밝혀 보네.
惟佳人之獨懷兮	오직 이 선한 님만 생각하려고
折芳椒以自處	향기로운 후추나무 꺾어다 내 자리 정결히 하네.
曾歔欷之嗟嗟兮	거듭 흐느끼니, 아, 이 슬픔이여,
獨隱伏而思慮	혼자 엎드려 생각에 빠지네.
涕泣交而凄凄兮	눈물이 앞을 가리니, 이 쓸쓸함이여.
思不眠以至曙	생각에 잠 가버려 새벽에 이르네.
終長夜之曼曼兮	기나긴 밤 느리고 느리구나.
掩此哀而不去	이 슬픔 억누르나 가지 않네,
寤從容而周流兮	일어나 조용히 두루 돌아다니니
聊逍遙以自恃	적이 소요에 마음 가라앉는 듯.
傷太息之愍憐兮	괴로운 마음, 큰 한숨에 가엾기만 해라.
氣於邑而不可止	숨 가빠라, 진정할 길 없네.
糺思心以爲纕兮	생각을 꼬아 패옥 띠 만들고,
編愁苦以爲膺	슬픔을 엮어 조끼 만들고,

折若木以蔽光兮	두약풀 꺾어 햇빛 가렸네.
隨飄風之所仍	회오리바람 부는 대로 따라 가네.
存髣髴而不見兮	몽롱하여라, 아무것도 안 보이네.
心踊躍其若湯	가슴은 끓는 물처럼 뛰는구나.
撫佩衽按志兮	띠와 조끼를 어루만져 마음 가라앉히며.
超惘惘而遂行	허덕허덕 앞으로 가네.
歲忽忽其若頹兮	내닫는 세월 퇴화를 재촉하는 듯,
時亦冉冉而將至	나의 때도 시들시들 다가오는구나.
薠蘅槁而節離兮	향초들 시들어 마디마디 떨어져 가고,
芳以歇而不比	그 향기로움 멎어 다 사라지네.
憐思心之不可懲兮	슬퍼라, 이 생각하는 마음 탓하지 마라.
證此言之不可聊	이 구절이 헛말이 아님을 증거하리라.
寧溘死而流亡兮	이 끝없는 슬픔을 겪느니,
不忍爲此之常愁	차라리 죽어 어디 사라지고 말겠네.

「古詩十九首(고시십구수)」[12)]

1. 行行重行行　　1. 가고 가고 또 가네

行行重行行	가고 가고 또 가네,
與君生別離	당신과 나, 생이별했네.
相去萬餘里	서로 떨어지기 만리 넘어.
各在天一涯	저마다 하늘 끝에 사네.
道路阻且長	길은 험하고 멀어,
會面安可知	우리 만날 걸 어찌 알꼬.
胡馬依北風	오랑캐 말은 북풍에 의지하고,
越鳥巢南枝	월나라 새는 남쪽 가지에 둥지 치네.
相去日已遠	서로 헤어진 날 이미 오래 돼,
衣帶日已緩	옷 띠 나날이 헐거워 가는구나.
浮雲蔽白日	뜬 구름이 밝은 해 가렸네,
游者不顧返	길 가는 이는 돌아보지 않고.
思君令人老	당신 생각 나를 늙게 해,

12) 「고시십구수」는 『문선』(文選)에 포함된 옛 시들이다. 『문선』은 양(梁)(502-558)의 소통(蕭統)이 엮은 시문집. 여기 옮긴 시들은 「고시십구수」 중의 1, 8, 13, 14, 18 등 다섯 수.

歲月忽已晚	세월은 홀연히 저물어가고.
棄捐勿復道	아서리, 더 말해 무엇 하랴.
努力加餐飯	애써 더 진지 받으소.

8. 冉冉孤生竹 / 8. 홀로 선 대나무 흔들흔들

冉冉孤生竹	홀로 선 대나무 흔들흔들
結根泰山阿	큰 메 언덕에 뿌리박았네.
與君爲新婚	당신의 각시 되었으니,
兎絲附女蘿	덩굴풀이 석송에 붙었소.
兎絲生有時	덩굴풀 자라는 시기 있고
夫婦會有宜	부부 결합에 적당한 시기 있소.
千里遠結婚	천리 떨어진 우리 결혼
悠悠隔山陂	아, 아득해라 산과 물로 격했네.
思君令人老	당신 생각 나를 늙게 해,
軒車來何遲	차개 올린 수레 오는 것이 저렇게 더딘가.
傷彼蕙蘭花	저 난초 꽃 가엾어라,
含英楊光輝	눈부시게 반짝이는 저 꽃부리.

過時而不采	때 지나도록 안 캐면
將隨秋草萎	가을 풀 따라 시들어 갈 걸.
君亮執高節	당신이 진정으로 절개를 지킬진대
賤妾亦何爲	내 어찌 또한 그렇지 않으리오.

13. 驅車上東門 / 13. 수레 몰고 상동문을 나가네

驅車上東門	수레 몰고 상동문을 나가니
遙望郭北墓	멀리 앞에 성 밖 북쪽 묘지 보이네.
白楊何蕭蕭	백양나무들 우수수 쓸쓸해라,
松柏夾廣路	소나무 잣나무 넓은 길 끼고 줄지었네.
下有陳死人	지하엔 죽은 옛 사람들
杳杳卽長暮	캄캄하여라 길고 긴 밤 쉬어.
潛寐黃泉下	황천 아래 깊고 깊은 잠
千載永不寤	오래오래 깸 없이 천년을 보내네.
浩浩陰陽移	끝없어라 음양의 순환,
年命如朝露	목숨은 아침 이슬과 같네.
人生忽如寄	인생은 잠간의 기숙과 같아,

壽無金石固	목숨은 굳은 금석이 아니네.
萬歲更相送	만년을 다들 왔다가 가고,
聖賢莫能度	성현인들 이 과정 벗어나지 못하네.
服食求神仙	신선이 되려 약들 쓰지만
多爲藥所誤	모두 약의 속임 당할 뿐.
不如飮美酒	차라리 미주 마시고,
被服紈與素	흰 명주옷에 몸 가림만 못해.

14. 去者日以疎　14. 가는 이는 나날이 성겨 가고

去者日以疎	가는 이는 나날이 성겨 가고
來者日以親	오는 이는 나날이 정들어 가네.
出郭門直視	성문 밖에 나서서 앞을 내다보니
但見丘與墳	보이는 건 언덕의 무덤 뿐.
古墓犂爲田	오랜 묘는 보습으로 갈아서 밭이 되고,
松柏摧爲薪	소나무 잣나무는 도끼로 찍어서 장작이 되네.
白楊多悲風	백양나무에 불어오는 슬픈 바람,
蕭蕭愁殺人	우수수 애처로워라.

思還故里閭	고향 마을 생각하여
欲歸道無因	돌아가려 하나, 갈 길 없네.

18. 客從遠方來　18. 손이 멀리서 왔네

客從遠方來	손이 멀리서 왔네.
遺我一端綺	내게 명주 한 필 보내 주었지.
相去萬餘里	서로 떨어지기 만리 넘어도
故人心尚爾	저 이의 마음 아직도 여전해라.
文綵雙鴛鴦	무늬는 한 쌍 원앙,
裁爲合歡被	합환 이부자리 마르리라.
著以長相思	평생 그리는 마음으로 솜 들이고,
緣以結不解	풀 수 없는 결합으로 꿰매리라.
以膠投漆中	아교를 옻칠 속에 부어 넣으면
誰能別離此	누가 이걸 능히 가르랴.

十五從軍征 / 열다섯에 종군해 가서[13]

十五從軍征	열다섯에 종군해 가서
八十始得歸	여든에 처음 집에 돌아오네.
道逢鄕里人	길에서 고향 사람 만나니,
家中有阿誰	내 집 식구 누가 살아남았는고.
遙看是君家	저기 보이는 것 그대 집,
松柏冢纍纍	소나무 잣나무, 무덤 겹쳤네.
兎從狗竇入	토끼는 개구멍으로 드나들고,
雉從梁上飛	꿩은 용마루에서 날아오르네.
中庭生旅穀	뜰 가운데에 야생 조 자라고,
井上生旅葵	우물가에 야생 아욱이 자라네.
舂穀持作飯	조를 절구에 찧어 밥 짓고,
採葵持作羹	아욱으로 국 끓였네.
羹飯一時熟	밥과 국이 같이 다 됐건만
不知貽阿誰	누구를 대접하랴.
出門東向看	문 밖에 나가 동쪽 바라보니
淚落沾我衣	눈물이 쏟아져 옷 적시네.

13) 이 시는 한대(漢代)의 시작인데, 작자는 불분명. 「고시십구수」에는 들어 있지 않지만, 그 형식을 보아 여기 함께 옮긴다.

제 Ⅱ 부

1. 曹操 (魏)　　1. 조조 (154-220)

苦寒行　　힘겨운 겨울 행군[14]

北上太行山	태행산을 행군해 북으로 가네,
艱哉何巍巍	아, 힘들구나, 얼마나 험한가 이 산길.
羊腸坂詰屈	양 창자 모양 구불구불 가는 언덕 길
車輪爲之摧	수레바퀴 부수네.
樹木何蕭瑟	나무들 어찌나 황량한가.
北風聲正悲	북풍 소리 슬프기 그지없네.
熊羆對我蹲	곰이 웅츠리고 우릴 지켜보고,
虎豹夾路啼	호랑이 표범 길 양쪽에서 으르렁거리네.
谿谷少人民	인가 드문 협곡엔

14) 후한(後漢) 말의 군웅할거 시대인 206년에, 조조가 원소(袁紹)의 조카 고간(高幹)을 치기 위해 원정에 오른다. 엄동에 태행산맥을 행군하는 고난을 읊고 있다.

雪落何霏霏	눈이 끝없이 쏟아지는구나.
延頸長歎息	목을 내밀어 긴 한숨을 내쉬네,
遠行多所懷	이 먼 행군에 착잡한 생각이 오가네.

我心何怫鬱	왜 이 마음 이다지도 들끓는가.
思欲一東歸	일단 동쪽으로 돌아갈까 생각해보네.
水深橋梁絕	물 깊고, 다리 끊어져,
中路正徘徊	도중에서 두루 헤매네.
迷惑失故路	혼돈되어 온 길마저 잃었구나.
薄暮無宿棲	어둠은 닥쳐오고, 몸 둘 곳 없고.
行行日已遠	걷고 걸어, 해는 이미 기울고.
人馬同時飢	사람도 말도 동시에 굶주리네.
擔囊行取薪	주머니 걸머지고 땔 나무 주어 오고,
斧冰持作糜	얼음을 도끼질해 죽 쑤네.
悲彼東山詩	애처로워라 저 동산시,[15]
悠悠令我哀	끝없이 나로 하여금 슬픔에 빠트리네.

15) 『시경』, "동쪽 산 속." (p. 25) 참조.

2. 曹植 (魏) / 2. 조식 (192-232)

吁嗟篇 / 아, 슬퍼라

吁嗟此轉蓬	아, 슬퍼라,[16] 바람에 불려 가는 이 쑥대,
居世何獨然	왜 나 홀로 이 세상에 이렇게 사는가.
長去本根逝	오랫동안 뿌리 떠나 떠도는 몸,
夙夜無休閒	아침저녁 쉴 겨를 없네.
東西經七陌	동서로 일곱 도로 거치고,
南北越九阡	남북으로 아홉 도로 넘었네.
卒遇回風起	느닷없이 회오리바람 일어,
吹我入雲間	나를 구름 속에 불어 올리네.
自謂終天路	혼자 하늘 길 끝에 닿는 줄 여겼더니,
忽然下沈泉	별안간 깊은 못에 떨어지네.
驚飇接我出	갑작스레 센 바람 일어 나를 건져

16) 조식은 조조의 셋째 아들로, 조조가 죽은 뒤에, 둘째 아들 조비(曹丕)가 위(魏)의 왕이 되는데, 조비는 조식을 11년간에 세 번이나 영국(領國)을 옮기도록 한다.

	내어,
故歸彼中田	짐짓 밭 한 가운데에 돌려보내네.
當南而更北	의당 남으로 갈 텐데 북으로 가고,
謂東而反西	동으로 마음먹으면 되레 서로 향하네.
宕宕當何依	센 바람에 날리니 무엇에 의지할꼬,
忽亡而復存	갑자기 죽는가 하면, 또 다시 살아나네.
飄颻周八澤	훨훨 날아 여덟 늪[17] 돌고,
連翩歷五山	훌훌 날아 다섯 메[18] 거치네.
流轉無恆處	전전 표류 정한 곳 없어,
誰知吾苦艱	누가 내 괴로움 알랴.
願爲中林草	원컨대 숲 속의 풀이 되어
秋隨野火燔	가을 들불에 같이 타기를.
糜滅豈不痛	불에 탐이 어찌 고통스럽지 않으랴.
願與株荄連	원컨대 줄기와 뿌리가 다시 이어지기를.

17) 옛날에 중국 역내(域內)에 여덟 개의 큰 소택이 있다고 믿었다.

18) 중국의 다섯 명산, 즉 태산(泰山), 화산(華山), 형산(衡山), 항산(恒山), 숭산(嵩山).

3. 阮籍 (魏)

3. 완석 (210–263)

詠懷

夜中不能寐
起坐彈鳴琴
薄帷鑒明月
淸風吹我襟
孤鴻號外野
翔鳥鳴北林
徘徊將何見
憂思獨傷心

영회[19)]

밤중에 잠들지 못해
일어나 앉아 거문고 타네.
엷은 휘장에 달빛 훤하고
시원한 바람 내 옷섶에 부네.
외로운 기러기 들에서 울고,
나는 새들 북쪽 숲 속에서 지저귀네.
두루 날아다니면서 무얼 보려는가.
생각에 잠겨 혼자 상심하네.

---

19) 완적은 죽림현인(竹林賢人) 중의 한 사람. 그는 이 제목 아래 82수의 시를 썼다. 다음 시는 그 중 첫째 수. 영회는 마음속의 생각을 읊는다는 뜻으로 서정시를 뜻한다.

4. 郭璞 (西晉)　　4. 곽박 (276–324)

遊仙詩　　신선의 노래[20]

京華遊俠窟	화려한 서울은 협객의 소굴,
山林隱遯棲	산과 숲은 은둔자 깃들이는 곳.
朱門何足榮	어찌 붉은 대문의 영화가 족할꼬.
未若託蓬萊	봉래산에 노님만 못해.
臨源挹清波	샘에서 맑은 물 떠 마시고,
陵崗掇丹荑	언덕에 올라가 단이[21]를 캐네.
靈谿可潛盤	으늑한 계곡에서 남몰래 고요를 즐기니,
安事登雲梯	무엇하러 구름의 사닥다리 오르려 애쓰랴.
漆園有傲吏	칠원에는 오만스런 관원이 있었지,[22]
萊氏有逸妻	노래자에게는 은둔하는 마누라.[23]

20) 곽박은 이 제목 아래 14수의 시를 썼다. 이 시는 그 첫째 수.

21) 단이는 붉은 비름. 그 어린잎은 불로의 영약이라 한다.

22) 장자(莊子)를 가리킴. 『사기』(史記)에 의하면 장자는 칠원의 관원이었다.

進則保龍見	승진해 천자를 뵈도,
退爲觸藩羝	물러나선 울타리에 뿌리 걸린 수양이 되네.
高蹈風塵外	풍진 세상 초연히 떠날지어다,
長揖謝夷齊	백이 숙제에게도 공손히 읍할 뿐.

23) 노래자(老萊子)가 초왕(楚王)의 청을 받아 관직을 수락하려는 것을 보고 그의 처는 말하기를 "당신은 이 문란한 시대에 벼슬을 하면 오직 화만 초래할 것이오" 하고 집을 떠난다. 노래자는 이 말을 듣고 아내를 따라 은둔 생활에 나선다. 『열여전』(列女傳)에 나오는 이야기.

5. 陶淵明 (東晉) 5. 도연명 (365-427)

歸鳥 / 돌아오는 새[24)]

翼翼歸鳥	훨훨 날아 돌아오는 새
晨去于林	새벽에 숲을 떠났었네.
遠之八表	사방 멀리 날아다니고,
近憩雲岑	돌아와 구름 낀 산봉우리에 쉬네.
和風不洽	바람은 어디나 순조롭지 않아,
翻翮求心	휘 되돌아 마음 가는 곳 찾네.
顧儔相鳴	제 무리 보고 울며,
景庇淸陰	서느런 그늘에 깃들이네.
翼翼歸鳥	훨훨 날아 돌아오는 새,
載翔載飛	빙빙 돌고 도네.
雖不懷遊	멀리 가 노닐 생각 없지만,
見林情依	숲을 보면 마음이 동하네.
遇雲頡頏	구름 만나 혹은 위로 혹은 아래로,

24) 이 시는 도연명이 "전원에 돌아오네"와 같은 시기에 쓴 작품. 팽택(彭澤)에서 영(令)의 직을 사임하고 고향의 전원에 돌아온 뒤에 지은 것으로 추정된다.

相鳴而歸	울면서 돌아오네.
遐路誠悠	날아가는 곳 끝없이 멀어도
性愛無遺	사랑하는 곳 잊지 못하네.

翼翼歸鳥	훨훨 날아 돌아오는 새,
馴林徘徊	눈익은 숲을 배회하네.
豈思天路	어찌 하늘 길을 꿈꾸랴.
欽及舊棲	기꺼이 옛 곳에 돌아오네.
雖無昔侶	옛 벗은 갔어도
衆聲每諧	떼 우는 소리에 화합하네.
日夕氣淸	저녁 공기 맑아,
悠然其懷	그 마음 아늑해라.

翼翼歸鳥	훨훨 날아 돌아오는 새,
戢羽寒條	찬 나무 가지에 깃들이네.
遊不曠林	넓은 수풀에서 놀지 않고,
宿則森標	숲 속 가지 끝에 쉬네.
晨風淸興	새벽 맑은 바람 부니
好音時交	지저귀는 기꺼운 소리 주고받네.
矰繳奚施	어찌 이 새에게 주살을 쏘랴,
已卷安勞	이미 지쳤거늘, 어찌 노심하랴.

九日閑居 并序 | 구일[25]에 한거하네 아울러 서문

余閑居, 愛重九之名.	내가 한거하니, 중구의 이름을 좋아한다.
秋菊盈園, 而持醪靡由.	가을 국화가 뜰에 가득 피었다. 그래도 탁주를 구할 길이 없다.[26]
空服九華, 寄懷於言.	공연히 중구의 꽃[27]을 먹는다. 느낀 바를 여기 쓴다.

世短意常多	인생은 짧고, 의욕은 많아,
斯人樂久生	사람들 긴 일생 즐기네.
日月依辰至	이 달 이 날 세월의 진행 따라 돌아오니,
擧俗愛其名	세상 사람들 그 이름 좋아하네.
露凄暄風息	이슬 차고, 따뜻한 바람 멎으니,
氣澈天象明	공기 맑고, 하늘 밝아라.
往燕無遺影	제비는 가버려, 그 그림자도 없고,

---

25) 음력 구월 구일. 이 날은 옛날 명절로 중구(重九) 혹은 중양(重陽)이라고도 한다.

26) 이 명절에는 술에 국화꽃을 띄워서 마시는 풍속이 있었다.

27) 곧 국화.

來雁有餘聲	오는 기러기, 그 우는 소리 울려 퍼지네.

酒能祛百慮	술은 백 가지 걱정 씻어 버리고,
菊解制頹齡	국화 꽃 노쇠함 풀어 주네.
如何蓬廬士	왜 이 초가집 사람은
空視時運傾	저물어 가는 세월을 멍하니 바라보는가.
塵爵恥虛罍	먼지 앉은 술잔은 빈 술독의 수치.
寒華徒自榮	가을 꽃 덧없이 피었구나.

斂襟獨閒謠	옷깃 여미고 홀로 고요히 읊조리니
緬焉起深情	깊은 느낌 잇달아 솟아오르네.
棲遲固多娛	고요한 삶엔 물론 많은 낙이 있는 것,
淹留豈無成	여기 오래 머물러 살리라, 어찌 보람 없으랴.

歸園田居 (五首)　　전원에 돌아오네 (5수)

其一	(1)
少無適俗韻	나는 어려서 벌써 속세와 뜻 안 맞아,
性本愛丘山	천성이 언덕과 산을 즐겼네.
誤落塵網中	길 잘못 들어 먼지 그물에 빠져,
一去十三年	어느덧 열 세 해 지났네.
羈鳥戀舊林	줄 달린 새 옛 숲을 그리고,
池魚思故淵	연못에 든 물고기 제 난 늪을 꿈꾸네.
開荒南野際	남쪽 들 가에 황무지를 개간하였네.
守拙歸園田	내 야성 지켜 전원으로 돌아왔지.
方宅十餘畝	집터는 여남은 묘,[28]
草屋八九間	초옥은 연아홉 간.
楡柳蔭後簷	느릅나무 버드나무 뒷 처마 가리고,
挑李羅堂前	복숭아 자두나무 대청 앞에 줄지었네.

28) 한 묘(畝)는 30평.

曖曖遠人村　　어렴풋이 멀리 보이는 마을,
依依墟里煙　　황량한 동네에 게을리 오르는 연기.
狗吠深巷中　　깊은 오솔길에 개 짖는 소리,
鷄鳴桑樹巓　　뽕나무 꼭대기에선 닭이 우네.
戶庭無塵雜　　앞뜰은 세상 잡음 없고,
虛室有餘閑　　텅 빈 방은 한가로워.
久在樊籠裏　　오래 새장 속에 갇혔거늘,
復得返自然　　다시 자연을 도루 찾았네.

其二　　(2)

野外罕人事　　시골에선 사람 접함이 드물고,
窮巷寡輪鞅　　좁은 골목엔 마차가 좀처럼 안 다니네.
白日掩荊扉　　대낮에 사립문 닫으니,
虛室絕塵想　　빈 방에 세상 잡 생각 끊어지네.
時復墟曲中　　때때로 으슥한 오솔길
披草共來往　　풀 헤치고 가다가 이웃과 서로 지나지.
相見無雜言　　눈이 마주치나 잡소리 않고,
但道桑麻長　　다만 뽕나무와 삼 자라는 이야기.

桑麻日已長	뽕나무와 삼 이미 날마다 자라고,
我土日已廣	내 밭 또한 벌써 날마다 넓어가네.
常恐霜霰至	늘 염려하는 건 서리나 우박이 내리는 것,
零落同草莽	밭이 쑥대밭이 되겠네.

其三　(3)

種豆南山下	남산 아래 콩을 심었네.
草盛豆苗稀	풀 성하나 콩 싹 드문드문.
晨興理荒穢	새벽에 일어나 잡초 뽑고 밭 가꾸고,
帶月荷鋤歸	달빛에 괭이 지고 돌아오네.
道狹草木長	길 좁고 풀 길어,
夕露沾我衣	저녁 이슬 내 옷을 적시네.
衣沾不足惜	옷 젖는 건 꺼릴 것 없고,
但使願無違	다만 내 원 어김없기를.

其四　(4)

久去山澤游	오랫동안 산과 내에 노닐지 않

	았네.
浪莽林野娛	이제 마음 내키는 대로 숲과 들을 즐기지.
試攜子姪輩	어린것과 조카아이 데리고 나가보기도 하고,
披榛步荒墟	잡목 헤치며 거친 들을 걷기도 하네.
徘徊丘壟間	묘지를 거닐다가
依依昔人居	분명 옛집 자리가 눈에 뜨이네.
井竈有遺處	우물과 부엌 자리,
桑竹殘朽株	뽕나무와 대나무 오래된 그루터기.
借問採薪者	살던 사람들 어찌 되었는고,
此人皆焉如	나무꾼에게 물으니,
薪者向我言	그가 내게 하는 말,
死沒無復餘	다 죽어, 아무도 살아남지 않았다네.
一世異朝市	한 세대에 궁성과 도시가 달라진다고,
此語眞不虛	참으로 이 말 헛말 아닐세.
人生似幻化	인생은 환상과 같아,
終當歸空無	결국 무에 돌아가고 마는 것.

其五 (5)

悵恨獨策還	쓸쓸해 혼자 지팡이 짚고 돌아서네.
崎嶇歷榛曲	개암나무 들어선 기구한 언덕을 내려오니,
山澗淸且淺	골짝 개울, 맑고 얕은 것이
可以濯我足	가히 발 담그기 알맞아.
漉我新熟酒	집의 갓 익은 새 술 거르고,
隻鷄招近局	닭 한 마리 잡아 이웃 사람 초대하네.
日入家中闇	해 져서 방 속이 어두워,
荊薪代明燭	장작불로 촛불 대신하네.
歡來苦夕短	즐거움이 돌아와, 짧은 밤이 원망스러워.
已復至天旭	벌써 동트기 시작하네.

五月旦作和戴主簿 / 오월[29] 아침, 대주부[30]에 화운하여

虛舟縱逸棹	노 없이 떠 흐르는 빈 배,
回復遂無窮	사철 순환 끝없네.
發歲始俯仰	새해 온 것이 어제 같은데
星紀奄將中	이 해도 거의 중간에 달하는구나.
明兩萃時物	더운 여름 기운 온갖 생물에 흠뻑,
北林榮且豊	북쪽 숲도 무성해라.
神萍寫時雨	신평[31]은 철 맞추어 비 내려 주고,
晨色奏景風	아침 풍경에 화창한 바람이 불어오네.
旣來孰不去	왔으면 누가 안 떠나랴.
人理固有終	났으니 끝나는 것 인생의 이치.
居常待其盡	변함없는 도리에 살고, 명 다하기 기다리리라.
曲肱豈傷沖	팔꿈치를 베개 삼는다고 어찌 정신이 교란하랴.

29) 이 책에 쓰인 날짜는 모두 음력이다.

30) "주부"는 문서 맡는 서기로서, 낮은 지방 관리이다.

31) 신평은 비 내리는 신(神).

遷化或夷險	생의 변천은 혹은 평탄하고 혹은 험할지라도,
肆志無窊隆	제 뜻대로 사니, 높고 낮음이 없네.
卽事如已高	현재에 사니, 이미 높은 경지로다.
何必升華嵩	하필 화산, 숭산에 올라가야 하는고.

連雨獨飮 / 장마에 혼자 마시네

運生會歸盡	삶을 지닌 자는 반드시 돌아가게 마련,
終古謂之然	옛부터 그렇게 일러 왔지.
世間有松喬	세상에 적송자, 왕자교[32] 아직 생존한다면
於今定何間	오늘날 어데 있는가.
故老贈余酒	이웃 노인 나에게 술 보내 주며.
乃言飮得仙	말하기를 이걸 마시면 신선이 된다고.
試酌百情遠	마셔 보니, 백 가지 걱정이 사라져,

32) 적송자(赤松子), 왕자교(王子喬), 둘 다 불로장생한 신선으로 알려져 있다. 적송자는 전설에 나오고 왕자교는 주나라 시대의 인물이다.

重觴忽忘天	한 잔 두 잔 거듭하니, 홀연히 하늘을 잊었네.
天豈去此哉	하늘이 어찌 이보다 나을꼬.
任眞無所先	참[33]에 맡기니, 아무것도 이에 앞서지 않네.
雲鶴有奇翼	구름 탄 학이 신기한 날개 펼쳐
八表須臾還	팔방을 순식간에 돌아오네.
自我抱茲獨	내 안에 이 참을 안고서도
僶俛四十年	세상일에 애쓰기 사십 년,
形骸久已化	이 몸은 이미 변했어도
心在復何言	이 마음 그대로네, 뭐라 더 말할꼬.

移居 (二首) / 이사 (2수)

其一	(1)
昔欲居南村	예전에 남쪽 동네에 살기 원했네.
非爲卜其宅	어느 집을 점쳐서가 아니었지.
聞多素心人	마음 순박한 사람들 거기 많이 산

33) "참"은 "본성대로" 즉 자연을 뜻한다고 해석한다.

다고 들어,

樂與數晨夕　　때때로 더불어 아침저녁 즐기려 했지.

懷此頗有年　　이런 생각한 지 오래 돼,

今日從玆役　　오늘 이 일 이루었네.

敝廬何必廣　　허술한 집, 하필이면 넓어야 하랴.

取足蔽牀席　　침상과 돗자리 가리면 족하지.

鄰曲時時來　　때때로 마을 사람이 와,

抗言談在昔　　열 올려 서로 옛 이야기를 하지.

奇文共欣賞　　같이 재미나는 글 즐겨 감상하고,

疑義相與析　　의문나는 구절 서로 분석하기도 하지.

其二　　(2)

春秋多佳日　　봄가을엔 좋은 날 많아,

登高賦新詩　　높은 곳에 올라가 새 시를 읊네.

過門更相呼　　이웃 집 대문 지나가면서 서로 부르기도 하고,

有酒斟酌之　　술 있으면 같이 잔 주고받기도 하지.

農務各自歸　　밭일 하고는 저마다 다 집에 돌아가,

閑暇輒相思　심심하면 곧 이웃 생각하지.
相思則披衣　이웃 생각하곤 옷 걸치고 나서네.
言笑無厭時　이야기와 웃음, 지루한 시간 없어,
此理將不勝　이 삶의 진리 무엇이 능가하랴.
無爲忽去玆　이 곳을 쉽사리 뜨지 않으리라.
衣食當須紀　의식은 당연히 제 손으로 마련할 것,
力耕不吾欺　힘들여 가꾼 논밭 나를 속이지 않아.

和郭主簿 (二首)　곽 주부에 화운하여 (2수)

其一　(1)

藹藹堂前林　대청 앞 숲 어찌나 무성한지
中夏貯淸陰　한여름에 맑은 그늘 유지하네.
凱風因時來　남쪽 바람 시절 맞추어 불어 와,
回飇開我襟　회오리바람 내 옷깃 여는구나.
息交遊閑業　온갖 교통을 멎고, 한가스런 일에 노니니,
臥起弄書琴　자나 깨나 책과 거문고.
園蔬有餘滋　밭의 채소는 무럭무럭 자라고,

舊穀猶儲今
營己良有極
過足非所欽

지난 해 곡식도 지금 광에 남았네.
제 살림엔 마땅히 한도가 있는 것,
족함을 지나치는 건 바라는 바 아니네.

舂秫作美酒
酒熟吾自斟
弱子戱我側
學語未成音
此事眞復樂
聊用忘華簪
遙遙望白雲
懷古一何深

차조 찧어서 미주 빚어.
술 익으면 자작하지.
어린 것이 옆에서 노네,
말 배우나 겨우 몇 마디 할 정도.
이런 일 참으로 낙이라,
저 화려한 비녀 잊네.
저 멀리 흰 구름 바라보며
얼마나 마음 깊이 옛 성현들 생각하는고.

戊申歲六月中遇火

무신년 유월에 집에 불이 났네

草廬寄窮巷
甘以辭華軒
正夏長風急

내 초옥 외진 골목에 있어,
덕택으로 화려한 수레 사양했네.
한여름에 강풍이 급작스레 불어와

林室頓燒燔　　숲 속 집이 엉겁결에 타 버렸네.
一宅無遺宇　　지붕 채 온 집 잃어,
舫舟蔭門前　　문 앞에 방주 대고 비바람 면했네.

迢迢新秋夕　　이른 가을 저녁, 높고 높은 하늘,
亭亭月將圓　　훤해라 둥그런 달.
果菜始復生　　과수 채소 다시 자라기 시작하였건만
驚鳥尙未還　　놀란 새들 아직 돌아오지 않네.
中宵竚遙念　　밤하늘 아래 서성거리니
一盼周九天　　내 생각 아득히 구천을 달려가네.

總髮抱孤介　　속발 시절부터 남다른 성격 지닌 지
奄出四十年　　어언 사십 년 지났네.
形迹憑化往　　자연변화로 그때 형체 가버렸지만
靈府長獨閑　　그 마음 오래 홀로 고요히 남았네.
貞剛自有質　　곧고 굳셈이 본성이라
玉石乃非堅　　옥석도 그렇게 굳지 못할 걸.

仰想東戶時　　동호[34]의 옛 시대 그리워 생각하네.

---

34) 동호는 고대 전설에 나오는 인물로, 동호계자(東戶季子). 그의 치세는

餘糧宿中田	밭에는 남겨 놓은 곡식,
鼓腹無所思	배 두드리며 마음 쓰는 일 없고,
朝起暮歸眠	아침에 일어나, 해지면 집에 돌아가 잠잤다지.
旣已不遇玆	이 시절 이미 갔으니, 더 기대할 것 없지.
且遂灌我園	지금 난 뜰에 물 붓고 있네.

己酉歲九月九日　기유년 구월 구일

靡靡秋已夕	이 가을 점점 저물어 가,
凄凄風露交	쓸쓸해라, 바람 이슬 번갈아 오네.
蔓草不復榮	무성하던 풀도 더 자라지 않고,
園木空自凋	뜰의 나무도 덧없이 시들어 가네.
淸氣澄餘滓	맑은 공기 남은 찌꺼기 씻어 갔네,
杳然天界高	묘연하여라 저 높은 하늘.
哀蟬無留響	매미는 슬픈 곡조 멈출 줄 모르고,
叢雁鳴雲霄	기러기 떼는 구름 속에서 우네.

태평세대였다고 전한다.

萬化相尋繹	천만 변화 교체하는데,
人生豈不勞	어찌 인생 힘들지 않으리.
從古皆有沒	태고로부터 모든 것은 죽어 가는 것.
念之中心焦	그걸 생각하니 마음이 초조해.
何以稱我情	무엇으로 이 마음 달래랴,
濁酒且自陶	탁주에 잠시 즐거워져.
千載非所知	천년은 내 알 바 아니오,
聊以永今朝	그보다 당장 이 순간을 길이길이.

庚戌歲九月中於西田獲早稻 / 경술년 구월 서쪽 밭에서 올벼를 거두네

人生歸有道	인생은 궁극에 한 진리에 돌아가는 것,
衣食固其端	당연히 그 첫 끝은 입고 먹는 일.
孰是都不營	누가 이걸 다 마련 않고서
而以求自安	편안을 구하리.

開春理常業	이른 봄부터 이 평생 작업에 정성 들여,

歲功聊可觀	한 해의 공 볼 듯싶네.
晨出肆微勤	새벽에 나가 미약하나 부지런히 일하고
日入負耒還	해 져서 괭이 지고 집에 돌아오네.
山中饒霜露	이 산 속엔 이슬 서리 잦고,
風氣亦先寒	찬바람도 일찍 오네.
田家豈不苦	농가 살림 어찌 고생스럽지 않으랴.
弗獲辭此難	이 어려움 면하지 말지어다.
四體誠乃疲	사지 참으로 지쳤네,
庶無異患干	바라기는 변고 안 생기기를.
盥濯息簷下	손 발 씻고 나서 처마 밑에 쉬니,
斗酒散襟顔	한 대접 술 심신 피곤 풀어 주네.
遙遙沮溺心	아득한 옛적, 장저와 걸익[35]의 마음
千載乃相關	천년 격해도 나와 서로 가깝네.
但願長如此	오직 바라기는 오래오래 그러하기를.
躬耕非所歎	제 손으로 밭일함은 한탄할 일이 아니로다.

---

35) 장저(長沮)와 걸익(桀溺)은 『논어』 제18장에 등장하는 두 은자.

飮酒 (二十首)　　술을 마시네 (20수)

余閑居寡歡, 兼比夜已長.	한가한 내 생활엔 환락이란 드물다. 게다가 요즘에는 밤이 벌써 길어졌다.
偶有名酒, 無夕不飮.	때마침 명주가 생겨, 그걸 마시지 않고 보내는 저녁이 없다.
顧影獨盡, 忽焉復醉.	내 그림자를 돌아보면서 혼자 마시는데, 삽시간에 취하고 만다.
旣醉之後, 輒題數句自娛.	취하고 나선 시 몇 구를 쓰면서 혼자 즐긴다.
紙墨遂多, 辭無詮次.	드디어 쓴 지묵이 많아졌다. 맥락도 순서도 없다.
聊命故人書之, 以爲歡笑爾.	그저 옛 친구에게 이를 정서하도록 부탁해 웃음거리로 삼을 뿐이다.

其四　　(4)

栖栖失羣鳥	다급해라, 저 무리 잃은 새

日暮猶獨飛	해 지는데 아직도 혼자 나네.
徘徊無定止	깃들일 데 없이 헤매며
夜夜聲轉悲	밤마다 우는 저 소리 한없이 가엾어라.
厲響思淸遠	저 비통한 소리, 멀리 떨어진 맑은 숲 그리워,
去來何依依	갔다간 또 오네, 어쩌면 저렇게 설레는가.
因値孤生松	홀로 우뚝 선 소나무 눈에 띄었네,
斂翮遙來歸	새는 날개 접고 하늘 높이서 날아 내리네.
勁風無榮木	세찬 바람에 나무들 다 잎 잃었는데
此蔭獨不衰	이 나무만 홀로 그늘 잃지 않았네.
託身已得所	이제 몸 둘 곳 얻었으니
千載不相違	천년인들 떠나지 않으리.

其五 (5)

結廬在人境	이 초옥도 인간계에 있지만
而無車馬喧	수레며 말 소음 안 들리네.
問君何能爾	그게 어찌 가능하냐고 묻는가.

心遠地自偏	마음이 세상에서 머니, 곳도 저절로 외지네.
採菊東籬下	동쪽 울 밑 국화 꺾다가,
悠然見南山	고개 드니 유연히 선 남산 눈에 들어오네.
山氣日夕佳	산 기운은 해질 무렵이 고와,
飛鳥相與還	날던 새들 서로 더불어 돌아가네.
此中有眞意	바로 이에 삶의 참 뜻이 있지,
欲辨已忘言	표현하려 하나 벌써 말을 잊었군.

其七	(7)

秋菊有佳色	가을 국화꽃 아름다워라,
裛露掇其英	이슬에 젖으면서 그 꽃을 꺾네.
汎此忘憂物	이걸 망우물[36]에 띄우니
遠我遺世情	내[37]가 멀어지고, 세상 생각 가 버리네.
一觴雖獨進	잔 하나, 비록 혼자 드나,
杯盡壺自傾	비면 술병이 알아 저절로 기울어

36) 즉 술.

37) 곧 자아(自我)를 가리킨다.

	지네.
日入羣動息	해 지니 모든 것 쉬며
歸鳥趨林鳴	새는 숲 향해 울며 돌아가네.
嘯傲東軒下	초연히 동쪽 처마 밑에서 휘파람 부니,
聊復得此生	또다시 이 삶을 찾은 듯.

擬古 (九首) / 의고[38] (9수)

其三	(3)
仲春遘時雨	중춘에 때맞추어 비가 내리고,
始雷發東隅	첫 천둥 동쪽 구석에서 울리니,
衆蟄各潛駭	땅 속의 곤충들 모두 놀라 깨어나고,
草木從橫舒	초목은 가로 세로 마음껏 뻗치네.
翩翩新來燕	막 돌아온 제비들 공중에 펄펄 날더니
雙雙入我廬	쌍쌍이 내 집에 들어오네.
先巢故尚在	옛 둥지 그대로 있어,

38) 의고는 “옛 시의 형식을 따라서”라는 뜻으로, 중국시의 한 장르이다.

相將還舊居	옛 집에 돌아왔네.
自從分別來	너희와 이별한 후
門庭日荒蕪	이 마당은 나날이 황폐해 갔지.
我心固匪石	내 마음 물론 돌이 아닌데
君情定何如	너희 마음은 과연 어떤지.

讀山海經 (十三首) 『산해경』[39]을 읽네 (13수)

其一	(1)
孟夏草木長	이른 여름 초목이 몹시 자라,
遶屋樹扶疏	집 두레 나무가 우거졌네.
衆鳥欣有託	많은 새들 그 속에 들어 즐겨 쉬고,
吾亦愛吾廬	나 또한 내 초옥 즐기네.
旣耕亦已種	밭은 다 갈았고, 또 씨 심기도 끝났으니
時運讀我書	내 책 읽을 때 돌아왔네.
窮巷隔深轍	좁은 골목길 깊은 수레바퀴 자국

39) 『산해경』은 고대 중국 지리 책. 중국 내외 산천초목뿐만 아니라 그 밖에 여러 가지 기담이 수록되어 있다.

	멀리 해,
頗廻故人車	자주 친구들 수레를 돌리지.
歡言酌春酒	벗과 이야기 즐기며 봄 술을 서로 붓네.
摘我園中蔬	우리 밭 나물 따 왔네.
微雨從東來	가랑비 동쪽에서 오고
好風與之俱	상쾌한 바람 따라 불어오네.
汎覽周王傳	주 나라 왕 전기[40] 두루 읽고,
流觀山海圖	『산해경』의 그림들 흘긋 보기도 하지.
俯仰終宇宙	순식간에 우주를 다 도니,
不樂復何如	이것이 즐거움이 아니면 무엇이랴.

歸去來兮辭 并序 / 아, 돌아가야지! 아울러 서문

余家貧, 耕植不足以自給.	나의 집이 가난하여, 밭을 갈아도 자급하기에 넉넉하지 못했다.
幼稚盈室, 缾無儲粟.	집에는 어린것들이 가득하고, 쌀

40) 『목천자전』(穆天子傳)을 가리킴. 이 책은 중국의 가장 오랜 역사 소설로서, 주목왕(周穆王)을 주제로 하고 있다.

독엔 좁쌀도 없었다.

生生所資, 未見其術.

내 생활 능력이란 아무 재간도 없다.

親故多勸余爲長吏,

친지들이 나더러 관리 되라고 권하였다.

脫然有懷, 求之靡途.

그러려고 큰마음을 먹고, 일거리를 구했지만 별 방도가 없었다.

會有四方之事, 諸侯以惠愛爲德,

때마침 나라 사정이 들끓어, 제후들은 유능한 인재를 구하고 있었다.

家叔以余貧苦, 遂見用於小邑.

가숙이 나의 빈곤을 염려한 덕택으로 나는 드디어 작은 고을 관아에 채용되었다.

于時風波未靜, 心憚遠役.

아직 풍파가 가라앉지 않은 때라, 나는 멀리 가서 일하기를 꺼렸다.

彭澤去家百里,

팽택은 집에서 백 리의 거리,

公田之利, 足以爲酒, 故便求之.

공전[41]의 혜택이 있었다. 추수가 술 빚기에 넉넉할 걸 요량하고

41) 나라의 논밭.

	그 직을 구했다.
及少日, 眷然有歸歟之情.	며칠 안 되어, 나는 벌써 집이 그리워 돌아갈 생각을 한다.
何則,	웬 일인가.
質性自然, 非矯勵所得.	내 천성이 자연이어서 무얼 하려고 억척스레 노력하지 않는다.
飢凍雖切, 違己交病.	굶주리고 추위에 떨지언정, 내 성품에 어긋나면 마음은 더욱 고통스럽다.
嘗從人事, 皆口腹自役.	이전에도 관아에서 일한 적이 있다. 다 입과 배를 만족시키기 위해 자신을 부린 것이다.
於是悵然慷慨, 心愧平生之志.	나는 이것이 몹시 원망스러웠다. 평생의 뜻에 비추어 스스로 깊이 수치감을 느꼈다.
猶望一稔, 當斂裳宵逝.	다만 마음속에 바란 것은 어느 밤에 여장을 차리고 떠나는 것이었다.
尋程氏妹喪于武昌,	얼마 후 정씨 집에 출가한 동생

	이 무창에서 돌아갔다.
情在駿奔, 自免去職.	급히 달려갈 심정으로 자진 면직했다.
仲秋至冬, 在官八十餘日.	중추에서 겨울까지 관직에 있기를 팔십여 일.
因事順心,	사정으로 인해 마음의 소원을 이루었다.
命篇曰歸去來兮.	이 한 편을 이름하여 귀거래혜라 한다.
乙巳歲十一月也.	을사년 십일월이다.

歸去來兮	아, 돌아가야지!
田園將蕪胡不歸	밭과 뜰 쑥대밭이 되겠네, 어찌 안 가랴.
旣自以心爲形役	오래 스스로 마음을 몸의 노예로 만들었네.
奚惆悵而獨悲	어찌 상심하고 혼자 슬퍼하기만 하랴.
悟已往之不諫	지난 일은 뉘우칠 것 못 됨을 깨닫고,

知來者之可追	앞일은 추구할 것임을 아네.[42]
實迷途其未遠	실상 길 잘못 들었어도 멀리 가지 않았네.
覺今是而昨非	지금 생각 옳고, 지난 날 그릇됨을 알아.
舟遙遙而輕颺	배는 흔들흔들 가볍게 바람을 타고,
風飄飄而吹衣	바람은 한들한들 내 옷 펄럭거리네.
問征夫以前路	승객에게 더 갈 길 묻네.
恨晨光之熹微	한스러워라 어스레한 새벽 빛.

乃瞻衡宇	드디어 앞에 집 지붕 보이자
載欣載奔	기뻐 내닫네.
僮僕歡迎	머슴이 나와 기꺼이 맞이하고,
稚子候門	어린아이 대문에서 기다리네.
三徑就荒	뜰의 사잇길 거칠어도,
松菊猶存	소나무와 국화 아직도 자라네.
携幼入室	어린것 손잡고 집에 들어가니,
有酒盈罇	술은 독에 가득 찼네.
引壺觴而自酌	술병과 잔 갖다 자작하고,
眄庭柯以怡顏	뜰의 나뭇가지 내다보니 얼굴에

---

42) 앞의 줄과 이 줄은 『논어』 제18장에 나오는 구절.

	웃음이 번지네.
倚南窗以寄傲	남쪽 창에 흡족스레 기대어
審容膝之易安	이 오막살이의 아늑함 깊이 느끼네.
園日涉以成趣	뜰은 나날이 풍치를 더해 가고,
門雖設而常關	대문은 섰으나 늘 닫혀 있어.
策扶老以流憩	지팡이 짚고 거닐며 쉬기도 하고,
時矯首而遐觀	때때로 고개 들어 멀리 바라보네.
雲無心以出岫	구름은 무심히 산봉우리에서 일고,
鳥倦飛而知還	날다 지친 새는 돌아갈 줄 알아.
景翳翳以將入	해는 어스레 서산에 지려 하는데,
撫孤松而盤桓	홀로 선 소나무 어루만지며 서성거리네.
歸去來兮	아, 돌아가야지!
請息交以絶遊	바라건대 세상 사귐 끊고 떠다니지 않기를.
世與我而相違	세상과 나 서로 맞지 않는 사이,
復駕言兮焉求	큰 수레 타고 다니며 무얼 구하려는가.
悅親戚之情話	친척들 사정 이야기 즐겁고,
樂琴書以消憂	거문고와 책 즐겨 세상 걱정 잊네.

農人告余以春及	한 농부 내게 봄이 왔다고 일러주니,
將有事於西疇	곧 서쪽 밭에서 할 일들 있겠네.
或命巾車	혹은 막 친 수레 타고,
或棹孤舟	혹은 혼자 배 노 저어
旣窈窕以深壑	깊숙한 골짜기에 들어가고,
亦崎嶇而經丘	또 험한 언덕 넘어가겠네.
木欣欣以向榮	나무는 기꺼이 무성하고
泉涓涓而始流	샘물 졸졸 흐르기 시작하네.
善萬物之得時	좋아라 만물이 다 제 때 만나는데,
感吾生之行休	내 생명 차츰 쉬어감을 느끼네.

已矣乎	아서라!
寓形宇內復幾時	이 몸 하늘 아래 두었으니 얼마나 시간이 있으랴.
曷不委心任去留	어찌 제 마음에 맡겨 오고 감을 정하지 않으랴.
胡爲乎遑遑欲何之	무엇 때문에 그리 서둘러 어디 가려나.
富貴非吾願	부귀는 내 원하는바 아니며
帝鄕不可期	신선의 고을은 기대할 곳 못 돼.
懷良辰以孤往	뜻하는 건 화창한 날 홀로 거닐며,

或植杖而耘耔	혹은 밭에 지팡이 꽂고, 풀 뽑고 실생 북돋고,
登東皐以舒嘯	동쪽 언덕에 올라가 편히 휘파람 불고,
臨淸流而賦詩	혹은 맑은 개울가에 서서 시 읊조리는 일.
聊乘化以歸盡	잠시 우주 변천 과정 타고, 끝 날까지
樂夫天命復奚疑	천명 즐기리. 무얼 또 의심하랴.

6. 謝靈運 (劉宋)	6. 사영운 (385-433)[43]
登池上樓	연못가 누각에 올라
潛虬媚幽姿	물 밑 깊이 숨은 용은 그 으슥한 자태 자랑하고,
飛鴻響遠音	높이 나는 기러기는 우는 소리 멀리 울리네.
薄霄愧雲浮	하늘에 닿으려면 떠가는 구름에 부끄럽고,
棲川怍淵沈	물속에 쉬려면 물 밑에 잠긴 것에 창피스러워.
進德智所拙	인덕 쌓으려 하나, 지혜 모자라고,
退耕力不任	물러가 농사하려 하나, 힘겨워.
徇祿及窮海	녹봉 좇아 이 궁지 바닷가에 와,
臥痾對空林	앓아누우니 저기 보이는 건 인적 없는 숲.

43) 도연명을 중국 전원시(田園詩)의 창시자라 한다면 사영운은 중국 산수시(山水詩)의 원조라 부를 수 있으리라.

衾枕昧節候	병상에 드니 계절에 어두워,
褰開暫窺臨	휘장 열고 잠시 바깥 모습 살펴보네.
傾耳聆波瀾	귀 기울이니 파도 소리,
擧目眺嶇嶔	눈 드니 높이 솟은 산.
初景革緒風	이른 봄 햇빛이 늦겨울 바람 보내니
新陽改故陰	새 양이 묵은 음과 번갈았네.
池塘生春草	연못 둑에 봄풀이 나고,
園柳變鳴禽	뜰의 버드나무는 우는 새로 변했네.[44]

夜發石關亭 / 밤에 석관정을 떠나네[45]

隨山踰千里	산 길 따라 천리 넘어,
浮溪將十夕	계곡 시내에 배 띄우기를 거의 열흘 저녁.
鳥歸息舟楫	새들 돌아가고, 배도 노를 쉬네,
星闌命行役	별 드문 하늘, 어명 받아 가는 걸음 고되네.

44) 이하 나머지 여섯 줄 생략.

45) 이 시는 Yip, *Chinese Poetry* (p. 196)에 수록되어 있다.

亭亭曉月映	새벽 달 밝고 밝아,
冷冷朝露滴	아침 이슬 차고 차라.

過始寧墅 — 시녕 별장을 지나며[46]

束髮懷耿介	속발 시절엔 곧은 뜻 품었었네,
逐物遂推遷	세상사 좇다 끝내 그 뜻 떠밀어 버렸네.
違志似如昨	뜻 어긴 것 어제 같은 데,
二紀及玆年	올해 이십사 년.
緇磷謝淸曠	먹물과 마찰로 맑고 넓음 잃었네,
疲薾慙貞堅	지치고 지쳐, 지조 굳은자에게 부끄러워.
拙疾相倚薄	어리석음과 병고 서로 겹쳐
還得靜者便	도리어 나로 하여금 고요한 생활에 들게 하네.

剖竹守滄海	부죽[47] 받아 창해 고을 태수로 가

46) 시녕에는 사영운의 선조 전래의 넓은 장원(莊園)이 있었다.
47) 쪼갠 대란 뜻으로, 임명 받은 증표.

	면서
枉帆過舊山	배돌려 선산에 들르네.
山行窮登頓	산을 지치도록 오르락내리락,
水涉盡洄沿	거듭 물을 건너가고 오며.
巖峭嶺稠疊	높이 솟은 바위들, 중첩한 봉우리들,
洲縈渚連緜	개울엔 굽이치는 모래, 쭉 이어진 물가.
白雲抱幽石	흰 구름이 으슥한 바위를 품에 안았네,
綠篠媚淸漣	가는 녹색 대나무 요염 부리는 잔잔한 맑은 물결.

葺宇臨洄江	굽이도는 강가에 집 짓고,
築觀基曾巓	산꼭대기에 관망대 세우리라.
揮手告鄕曲	손 내저으며 마을 사람에게 부탁하기를,
三載期歸旋	삼 년이면 꼭 돌아올 테니
且爲樹枌槚	그 동안 흰 느릅나무, 오동나무 심어주시오.
無令孤願言	어김없이 해 주시오.

7. 鮑照 (劉宋)　　7. 포조 (412?-466)

詠史　　영사[48]

五都矜財雄	다섯 큰 도시는 재력과 인력 자랑하고,
三川養聲利	삼천[49]은 명성과 이권 기르네.
百金不市死	백만장자는 거리에서 사형 당하는 일 없고,
明經有高位	경학박사는 높은 벼슬 차지하네.
京城十二衢	서울의 열둘 큰 대로엔
飛甍各鱗次	공중 나는 대마루 줄서서 비늘처럼 광채 내네.
仕子彯華纓	벼슬아치들 화려한 갓끈 날리고,
遊客竦輕轡	관광객들 말고삐 가볍게 당기네.
明星晨未稀	샛별이 아직 사라지기도 전에
軒蓋已雲至	차개 올린 수레들 벌써 구름처럼

48) 영사는 역사적 사실을 읊은 시라는 뜻으로. 시의 한 장르.

49) 삼천은 낙양의 별칭. 황하(黃河), 낙수(洛水), 위수(渭水)의 세 강이 낙양의 주위를 흐른다.

	모여드네.
賓御紛颯沓	따라온 시자들 야단 법석하는 소리,
鞍馬光照地	말 안장 광채 땅을 비추네.
寒暑在一時	춥고 더움 잠시 왔다 가는 것,
繁華及春媚	피는 꽃 봄날의 매혹.
君平獨寂寞	군평[50]은 혼자 적막에 잠겼지,
身世兩相棄	세상과 서로 저버리고.

擬古 (八首) / 의고 (8수)

其六 (6)

束薪幽篁裏	으슥한 대나무 밭에서 땔 나무 주어 모으고,
刈黍寒澗陰	추운 골짜기 그늘에 자란 기장을 베네.
朔風傷我肌	북풍은 내 살을 에고,

50) 군평은 한대(漢代)의 사람. 성도(成都)에서 점쳐서 하루에 백 푼을 벌면 집에 돌아가 제자들에게 노자 『도덕경』을 가르쳤다고 한다.

號鳥警思心	우는 새는 괴로운 내 마음 놀래네.
歲暮井賦訖	세모에 전답세 마치니
程課相追尋	보통 세금 이어 나오네.
田租送函谷	전답세는 함곡관[51]에 보낼 것,
獸藁輸上林	사료는 임금의 사냥터에 갈 것.
河渭冰未開	황하 위수는 아직도 얼어 배가 못 가고
關隴雪正深	함곡관과 농산은 눈이 몹시 깊다네.
笞擊官有罰	윗관리에게선 매질 당하고,
呵辱吏見侵	아랫관원에게선 모욕당하네.
不謂乘軒意	말하지 말라, 내가 차개 올린 수레에 뜻 두고도
伏櫪還至今	오늘까지 말 여물통에 고개 숙인다고.[52]

51) 낙양을 가리킴.

52) 말 여물통에 고개를 숙인다는 구절은 재능 있는 사람이 중용되지 않음을 말하는 비유.

8. 王籍 (梁)

8. 왕적[53]

入若耶溪

약야계에 들어가네

艅艎何汎汎	조용히 물에 떠가는 이 배,
空水共悠悠	하늘과 물 더불어 아득해라.
陰霞生遠岫	어둑한 노을 멀리 산봉우리에 일고,
陽景逐回流	햇빛이 역류를 쫓아가네.
蟬噪林逾靜	요란스런 매미, 숲은 한결 더 적막하여라,
鳥鳴山更幽	지저귀는 새들, 산은 한결 더 그윽하여라.
此地動歸念	이 곳이 내게 산에 돌아갈 뜻 자아내니,
長年悲倦遊	슬퍼라, 지치도록 떠다닌 긴 세월.

53) 생몰연대 미상. 양무제(梁武帝) 때 대부(大夫)를 지낸 기록이 있다. 왕적은 한 때 운문천주산(雲門天柱山)에 노녔는데, 그 아름다운 경치에 돌아가기를 잊고 산에 여러 달 묵었다는 고사가 있다.

9. 陶弘景 (北周)　　9. 도홍경 (452-536)

詔問山中何所有 賦詩以答

산 속에 무엇이 있는고, 상감[54]의 물음에 시로 답한다

山中何所有　　산 속에 무엇이 있는고,

嶺上多白雲　　산 위에는 많은 흰 구름.

只可自怡悅　　스스로 그걸 즐길 뿐,

不堪持寄君　　차마 상감께 갖다 드릴 수 없나이다.

---

54) 양무제(梁武帝) (464-549). 도홍경은 누차 무제의 청에도 불고하고 관직을 굳이 사양하였다고 한다.

10. 孟浩然 (唐) 10. 맹호연 (689–740)

宿建德江 / 건덕강에 머무르네[55]

移舟泊煙渚 배 옮겨 놓고, 안개 낀 강변에 묵네,
日暮客愁新 해 지니, 새삼스레 나그네 쓸쓸함이 오는구나.
野曠天低樹 아득히 넓은 들판, 하늘이 나무 가지에 내려앉네,
江淸月近人 강은 맑고, 달이 사람에 다가오네.

春曉 / 봄 새벽

春眠不覺曉 봄 잠 깊어, 깨지 않는 새벽,
處處聞啼鳥 곳곳에서 지저귀는 새소리.
夜來風雨聲 간밤에 비바람 소리,
花落知多少 꽃이 얼마나 떨어졌는지 몰라.

---

55) 맹호연은 젊었을 때 협객들과 어울려 제국을 방랑하였다고 한다. 후년에는 장안에 나가 왕유(王維), 이백(李白) 등과 친교를 맺는다.

題義公禪房

義公習禪寂
結宇依空林
戶外一峯秀
階前衆壑深
夕陽連雨足
空翠落庭陰
看取蓮花淨
方知不染心

의공의 선방에 제하다

의공이 선의 고요를 닦아,
인적 없는 숲 옆에 초당을 지었네.
창밖은 우뚝 솟은 산봉우리,
섬돌 앞은 수많은 구렁이 깊숙해.
빗발이 멎자 석양이 내려 쬐어,
비에 씻긴 푸른 나무 뜰에 그림자 던지네.
청정한 연꽃 보니,
이제 불염심[56] 알겠네.

---

56) 물들지 않은 마음을 가리키는 불교 개념.

11. 孫逖 (唐) 11. 손적 (696?-761)

宿雲門寺閣 / 운문사에 묵네

香閣東山下	절은 동산 밑,
煙花象外幽	안개 속 꽃들 현상계 밖에 그윽하여라.
懸燈千嶂夕	등불 내건 저녁, 천백의 험한 산봉우리.
卷幔五湖秋	휘장 말아 올리니, 다섯 호수의 가을.
畫壁餘鴻雁	벽화엔 아직도 날고 있는 기러기들,
紗牕宿斗牛	엷은 명주 창에 북두와 견우 묵었네,
更疑天路近	하늘가는 길 혹시 이 근처 아닌가.
夢與白雲遊	꿈속에서 흰 구름과 노니네.

12. 王維 (唐) 12. 왕유 (701-761)

酬張少府 / 장소부[57]에게 답하여

晩年唯好靜	만년엔 오직 고요를 즐겨,[58]
萬事不關心	만사에 관심 없네.
自顧無長策	돌이켜 보건대 내게 큰 계획 없어,
空如返舊林	한가로이 옛 숲에 돌아왔네.
松風吹解帶	송풍이 풀린 띠에 불고,
山月照彈琴	산 위 달이 타는 거문고에 비치네.
君問窮通理	그대는 성공의 길을 묻는데,
漁歌入浦深	저 어부의 노래 물 속 깊이 잠기네.

終南別業 / 종남산 별장

中歲頗好道	중년에 매우 마음 불도에 끌려,[59]

57) 소부는 현(縣)의 관리.

58) 이 시와 다음 시는 만년의 작품인 인상을 준다. 그 당시는 30대는 벌써 중년이고, 40대면 벌써 만연이라 불렀음을 유의해야 한다. 왕유는 21세에 진사 급제하고, 임관되었으나, 다음 해에 벌써 그 직에서 좌천당한다. 그 후 수차 관직에 임명되지만, 그의 관리 생활은 오래 가지 않는다.

晩家南山陲	만년에 종남산 기슭에 집 마련했네.
興來每獨往	마음 내키면 언제나 혼자 산에 올라가지.
勝事空自知	좋은 일이란 그저 스스로 아는 일.
行到水窮處	걸음이 시내 끝나는 데에 다다라,
坐看雲起時	구름 이는 걸 지켜보네.
偶然値林叟	때마침 산 노인 나타나,
談笑無還期	담소 나누며 돌아가는 걸 잊네.

答張五弟 / 아우 장[60]에게 답함

終南有茅屋	종남산에 초옥이 있소,
前對終南山	앞이 남산을 면하지.
終年無客長閉關	일년 내내 손 없어 오래 문이 잠겨 있지,
終日無心長自閒	종일 나는 무심히 혼자 한가로워.
不妨飮酒復垂釣	같이 술 마시고 낚싯줄 드리워도 무방하리오,

59) 원시에는 단순히 "도"(道)라 하지만, 왕유가 독실한 불교신자였으므로, 이 "도"를 불도로 해석하는 것이 마땅하겠다.

60) 여기서 아우란 연하의 벗을 뜻함.

君但能來相往還	와서 그저 같이 돌아다닐 수 없을꼬.

華子岡 / 화자강

飛鳥去不窮	새들이 끝없이 날아가네,
連山復秋色	연이은 산들 다시 가을 빛 띠네.
上下華子岡	화자강을 오르락내리락,
惆悵情何極	이 쓸쓸한 마음 언제 그치랴.

鹿柴 / 사슴 사육장

空山不見人	인적 없는 산, 사람 안 보여,
但聞人語響	그저 들리는 말소리.
返景入深林	석양이 숲 속 깊이 쬐어 들어,
復照靑苔上	푸른 이끼에 비치네.

欒家瀨

난가뢰[61]

颯颯秋雨中
淺淺石溜瀉
波跳自相濺
白鷺驚復下

솔솔 부는 바람에 내리는 가을 비,
돌에 부딪치며 급히 내려가는 여울 물.
춤추는 잔물결, 튀어 오르는 물방울,
백로가 놀라 살짝 떴다 또 내려서네.

竹里館

대나무 숲 속 별장

獨坐幽篁裏
彈琴復長嘯
深林人不知
明月來相照

으슥한 대나무 숲에 혼자 앉아,
거문고 타며 가벼이 길게 휘파람 부네.
이 깊은 숲은 아무도 몰라,
밝은 달이 와서 비쳐 주네.

61) 여울 이름.

辛夷塢

木末芙蓉花
山中發紅萼
澗戸寂無人
紛紛開且落

신이오[62)]

가지 끝에 핀 목련 꽃
이 산 속에 빨간 꽃잎을 열었네.
개울 옆집엔 사람 없어, 적막해라,
눈부시게 피었다간 또 떨어지네.

歸嵩山作

清川帶長薄
車馬去閑閑
流水如有意
暮禽相與還
荒城臨古渡
落日滿秋山
迢遞嵩高下
歸來且閉關

숭산에 돌아와

맑은 시내 숲을 끼고 돌아가네.
수레와 말 가버리고, 고요가 깃들어.
흐르는 물 마치 제 뜻 있는 양.
날 저물어 돌아가는 새들.
황량한 성은 옛 나루터 내려다보고,
석양이 가을 산에 가득 찼네.
아득히 내려다 뵈는 숭산 기슭,
산에 돌아왔으니 잠시 빗장 지르네.[63)]

---

62) 신이오란 목련이 자란 언덕이란 뜻.

63) "폐관"(閉關), 즉 "빗장을 지르다"는 것은 도가(道家)의 표현, 세상과 관계를 끊는다는 뜻.

歸輞川作	**망천[64]에 돌아와**
谷口疎鐘動	산골짜기에 띄엄띄엄 울리는 종소리,
漁樵稍欲稀	어부와 나무꾼들 덜 보이네.
悠然遠山暮	아득히 먼 산엔 날이 저물어 가고,
獨向白雲歸	나 홀로 흰 구름 바라다보며 돌아오네.
菱蔓弱難定	마름 덩굴은 약해 안정치 못하고,
楊花輕易飛	버들개지는 가벼워 쉬이 날아가 버리네.
東皐春草色	동쪽 언덕 봄 풀 빛,
惆悵掩柴扉	구슬퍼라, 사립문 닫네.

山居卽事	**산거 즉사[65]**
寂寞掩柴扉	적막해라, 사립문 닫네,

---

64) 망천은 장안(長安) 동서의 남전현(藍田縣)에 위치하는데, 거기에 왕유의 별장이 있었다. 그는 이 곳에서 그의 벗 배적(裵迪)과 같이 각기 20수의 시를 쓴다. 거기서 쓴 시들이 『망천집』(輞川集)에 들어 있다. 앞에 읽은 왕유의 시 중 "화자강", "사슴 사육장", "난가뢰", "대나무 숲 속 별장", "신이오" 등은 다 이 책에 수록되어 있다.

65) 산거는 산 집. 즉사는 눈앞의 풍경을 즉흥적으로 읊는다는 뜻이다.

蒼茫對落暉　망막한 푸른 하늘 낙조 맞아.
鶴巢松樹遍　학이 소나무 숲 속 곳곳에 둥지쳤네,
人訪蓽門稀　아무도 이 초옥 좀처럼 찾아오지 않아.
綠竹含新粉　녹색 대나무 새 분 바르고,
紅蓮落故衣　홍련은 묵은 옷 벗어 버렸네.
渡頭燈火起　나루터에는 등불이 켜지고
處處採菱歸　이곳저곳에서 마름 딴 여인들 돌아오네.

輞川閒居　망천 한거

一從歸白社　이 망천 별장에 돌아온 후
不復到靑門　다시 장안에 돌아가지 않았네.
時倚簷前樹　때때로 처마 앞 나무에 기대어,
遠看原上村　멀리 들 마을 내다보네.
靑菰臨水映　푸른 줄풀 물에 비치고,
白鳥向山翻　흰 고니 산을 향해 날아가네.
寂寞於陵子　적막하여라, 이 어능자[66]

66) 어능자는 전국시대(戰國時代)의 은자. 그는 초왕(楚王)의 청을 거절하고

桔槔方灌園	두레질하여 밭에 물주고 있네.

積雨輞川莊作 / 장마에 망천장에서

積雨空林煙火遲	장마 든 인적 없는 숲, 굴뚝 연기 머뭇거려,
蒸藜炊黍餉東菑	명아주 찌고 기장 끓이네, 동쪽 밭에 갈 식사.
漠漠水田飛白鷺	아득한 논 밭 위에 백로 날아가고,
陰陰夏木囀黃鸝	그늘진 여름 나무에 노란 꾀꼬리 우네.
山中習靜觀朝槿	산중에서 조근[67] 보며 고요 닦고,
松下淸齋折露葵	소나무 아래서 접시꽃 꺾으며 마음 씻네.
野老與人爭席罷	이 시골 늙은이[68] 남들과 자리 뺏기[69] 멎었건만,

머슴살이를 하면서 밭에서 일했다고 한다. 왕유는 자기를 어능자에 비하고 있다.

67) 조근은 아침에 피었다가 저녁에 지는 무궁화 꽃.

68) 시인 자신을 가리킨다.

69) "자리 뺏기"의 구는 『열자』(列子) (제2장)에 나오는 이야기에 근거함. 그 이야기에서 양자(楊子)가 여관에서 동숙자들과 방석을 서로 빼앗는다. 하

海鷗何事更相疑　　어찌 갈매기들 아직도 의심하는가.[70]

渭川田家　　위천의 농가

斜光照墟落　　석양이 황폐한 마을에 비스듬히 비치는데,
窮巷牛羊歸　　오솔길에 소와 양들 돌아오네.
野老念牧童　　노인이 목동 생각하며,
倚杖候荊扉　　지팡이 짚고 사립문에서 기다리네.
雉雊麥苗秀　　꿩 우는 소리, 보리 싹도 많이 자랐고
蠶眠桑葉稀　　누에도 잠들어, 뽕잎 얼마 안 보여.
田夫荷鋤至　　농부가 괭이 지고 돌아오더니,
相見語依依　　노인과 서로 정답게 이야기하네.
卽此羨閒逸　　이를 보며, 느긋한 생활이 부러워,

지만 이 시에서 왕유는 어구대로 자기가 조정의 자리다툼을 떠났음을 뜻하고 있다고 해석하는 것이 마땅하리라.

70) 이 마지막 줄도 『열자』(제2장)에 나오는 에피소드와 관련된다. 이 이야기에서 평소에 늘 갈매기를 좋아해 같이 놀곤 하던 사람이 하루는 아버지의 청을 받아 한 놈을 잡아 대접할 요량으로 바닷가에 나간다. 나갔더니 갈매기들은 공중에서 날기만 하고 하나도 가까이에 오지 않는다.

悵然吟式微　　서글퍼 식미[71]를 부르네.

過香積寺 / 향적사를 지난다

不知香積寺	향적사 있는 곳 모르고
數里入雲峯	구름 낀 산봉우리 향해 몇 리 들어왔네.
古木無人徑	고목이 들어서고, 길 없는데
深山何處鐘	산 속 깊이, 어디선가 울려오는 종소리.
泉聲咽危石	험한 바위틈을 쿨렁쿨렁 흘러내리는 샘물,
日色冷青松	햇빛이 푸른 소나무에 차가워.
薄暮空潭曲	고적한 늪 구석엔 황혼이 깃들었는데,
安禪制毒龍	고요히 앉은 선객, 독스런 용 다스리고 있네.

71) 식미는 『시경』, 「패풍」(邶風)에 나오는 노래. 그 첫 두 줄 ("아, 어쩌면 그다지도 쇠퇴했는가,/ 어찌 돌아오지 않는가")이 둘째 절에서 거듭된다.

送別

송별

下馬飮君酒	말에서 내려 같이 술 마시세.
問君何所之	그대는 어디로 가는 중인가.
君言不得意	그대 말이 세상이 뜻에 안 맞아
歸臥南山陲	남산 기슭에 물러가 쉬겠다고.
但去莫復問	어서 가게. 더 묻지 않겠네,
白雲無盡時	흰 구름 멎는 날 없으리라.

涼州郊外遊望

양주 교외 광경

野老才三戶	늙은 농부 집 세 채 겨우 있을 뿐,
邊村少四鄰	이 변경 마을 이웃이 멀어.
婆娑依里社	사당 옆에선 파사[72] 춤이 한창.
簫鼓賽田神	피리와 북 소리, 밭 신령에게 굿 올리네.
灑酒澆芻狗	무당은 술을 추구[73]에 붓고,
焚香拜木人	향 태우곤 목인[74]에게 절하네.

72) 아마 일종의 굿 춤.

73) 짚으로 만든 개.

74) 나무로 만든 사람.

女巫紛屢舞	무녀가 자주 사뿐사뿐 춤추는데,
羅襪自生盡	명주 버선에서 먼지 일어나네.

登裵迪秀才小臺作 　 배적의 작은 축대에 올라가

端居不出戶	조용한 살림, 집 떠나는 일 없고,
滿目望雲山	바라보면 눈에 들어오는 건 구름 낀 산.
落日鳥邊下	지는 해 새 가는 곳에 사라지고,
秋原人外閒	가을 들 한가로워, 인간세상 밖.
遙知遠林際	잘 알겠네, 멀리 숲 밖에선
不見此簷間	아무도 이 집 처마 못 보리라.
好客多乘月	기쁜 손님 흔히 달 타고 오기 마련,
應門莫上關	문지기야, 문 잠그지 마라.

別輞川別業 　 망천 별장을 떠나네

依遲動車馬	느릿느릿 움직이는 수레,
惆悵出松蘿	쓸쓸히 겨우살이 덮인 솔숲을 나

	가네.
忍別青山去	청산과는 차마 이별하더라도,
其如綠水何	어찌 녹수를 떠나랴.

山中 — 산중

荊溪白石出	형계 개울에 흰 돌 드러났네.
天寒紅葉稀	하늘은 서늘하고, 단풍 든 잎 드물구나.
山路元無雨	비 안 내린 산 길,
空翠濕人衣	공중에 스며든 푸름이 옷을 축이네.

13. 李白 (唐)　13. 이백 (701-762)

山中答俗人	산중에서 속인에 답함
問余何意棲碧山	누가 내게 묻기를 왜 푸른 산중에 사느냐고,
笑而不答心自閑	웃으며 답하지 않는 내 마음 그저 고요해.
桃花流水窅然去	흐르는 물에 뜬 복숭아 꽃 아득히 사라지네,
別有天地非人間	별 천지, 인간세계 아니네.

獨坐敬亭山	홀로 경정산에 앉아
衆鳥高飛盡	모든 새들 하늘 높이 사라지고,
孤雲獨去閑	외로운 구름마저 가버리니, 고요해라.
相看兩不厭	서로 마주 보며 싫증 안 나는 건
只有敬亭山	오직 경정산뿐.

白鷺鷥 / 백로

白鷺下秋水	백로가 가을 시내에 내리네,
孤飛如墜霜	홀로 서리처럼 날아 떨어지네.
心閑且未去	마음 고요히, 한참 머물러,
獨立沙洲傍	혼자 물가 모래에 섰네.

憶東山 (二首) / 동산을 생각하며[75] (2수)

其一	(1)
不向東山久	동산에 안 간 지 오래 되네.
薔薇幾度花	몇 번이나 장미꽃이 피었을까.
白雲還自散	흰 구름 왔다간 그저 흩어져 갔으리라.
明月落誰家	명월은 누구 집에 내렸는가.

---

75) 이 시는 Shigeyoshi Obata, tr., *The Works of Li Po, the Chinese Poet* (New York: Paragon Book Reprint Corp., 1965) (p. 5)에 수록되어 있다.

望廬山瀑布 / 노산 폭포 바라보네

日照香爐生紫煙	햇빛 향로봉에 쬐고, 자줏빛 안개이네.
遙看瀑布挂長川	멀리 바라보이는 폭포, 공중에 걸린 긴 시내.
飛流直下三千尺	날아 내리니 직하 삼천 척,
疑是銀河落九天	혹시 구천[76]에서 떨어지는 은하수 아닌가.

望天門山 / 천문산[77]을 바라보네

天門中斷楚江開	천문산이 가운데서 갈라지니, 양자강이 활짝 열려,
碧水東流直北廻	동쪽으로 흐르는 푸른 강물 바로 북쪽으로 돌아가네.
兩岸青山相對出	양쪽에서 청산이 내밀어 서로 맞서는데,

---

76) 구천은 하늘 꼭대기.

77) 천문산은 현재의 안휘성(安徽省)에 위치하며, 양자강 양쪽에 솟은 두 산, 곧 동쪽의 박망산(博望山)과 서쪽의 양산(梁山)을 가리킨다.

孤帆一片日邊來　외로운 돛 한 조각 햇빛 등지고 내려오네.

魯郡東石門送杜二甫　노군 동쪽 석문에서 두보를 보내네

醉別復幾日　이별주 마셔 온 지 벌써 며칠인가,
登臨徧池臺　축대 오르고 연못 거닐며.
何言石門路　어찌 말하랴, 이 석문 노변에서
重有金樽開　다시 술단지 열 걸.
秋波落泗水　사수엔 가을 물결 잦아지고,
海色明徂來　조래산엔 바닷빛이 밝아.
飛蓬各自遠　바람에 날아가는 쑥대 저마다 멀리 떨어져 가네.
且盡手中盃　잠시 수중의 잔 들어 마시세.

送友人　벗을 보내네

青山橫北郭　푸른 산은 성 북쪽에 가로 서고

白水遶東城	흰 내는 동쪽 성을 돌아가네.
此地一爲別	이 곳에서 일단 이별하면
孤蓬萬里征	뿌리 잃은 쑥대는 만리를 날아가리.
浮雲遊子意	떠가는 구름은 유랑하는 그대의 뜻,
落日故人情	지는 해는 벗의 정.
揮手自玆去	손 내저으며 헤어지니,
蕭蕭班馬鳴	쓸쓸해라, 이별하는 말도 우네.

題元丹丘山居 / 원단구의 산중 은거에 제하다[78)]

故人棲東山	벗은 동산에 살아,
自愛丘壑美	혼자 산의 아름다움 즐기네.
青春臥空林	푸른 봄엔 인적 없는 숲에 누워 자며,
白日猶不起	대낮에도 일어나지 않네.
松風淸襟袖	송풍에 옷깃과 소매 깨끗이 하고,
石潭洗心耳	바위 소에 마음과 귀 씻네.
羨君無紛喧	부러워라, 세상 소요 떠나
高枕碧霞裏	푸른 안개 속에 고침하는 그대.

---

78) 이 시는 Obata, tr., *The Works of Li Po, the Chinese Poet* (p. 15)에 수록되어 있다.

尋高鳳石門山中元丹丘 고봉 석문산 속에 원단구를 찾다[79]

尋幽無前期	미리 알림 없이 원구의 은거를 찾아가네,
乘興不覺遠	흥 난 김에 거리도 모르고서.
蒼崖渺難涉	푸른 낭떠러지, 건너기 힘든 시내,
白日忽欲晚	밝은 낮이 어느새 밤이 되려네.
未窮三四山	아직 서너 산 넘기도 전에
已歷千萬轉	이미 천만 굽이돌았네.
寂寂聞猿愁	적적해라, 쓸쓸한 원숭이 울음소리,
行行見雲收	갈수록 보이는 건 걷히는 구름.
高松來好月	높은 소나무에 고운 달 오르고,
空谷宜清秋	빈 골짜기에 아늑히 맑은 가을이 서렸네.
溪深古雪在	깊은 구렁에 묵은 눈 남았고,
石斷寒泉流	갈라진 바위 새에 찬 샘물 흐르네.
峰巒秀中天	중천에 솟아 오른 봉우리,
登眺不可盡	오르면 조망이 끝없으리라.
丹丘遙相呼	단구가 멀리서 부르는 소리,

---

79) 이 시도 앞의 책 (p. 16)에 수록되어 있다.

顧我忽而哂　　나를 돌아보며 빙그레 웃어.
遂造窮谷間　　드디어 으슥한 골짜기에 다다르니,
始知靜者閑　　비로소 은인의 고요를 알겠네.
留歡達永夜　　기꺼이 긴 밤 즐겨 머무르고,
淸曉方言還　　맑은 새벽 동트자 다시 오기를 약속하네.

14. 常建 (唐)

題破山寺後禪院

清晨入古寺
初日照高林
曲徑通幽處
禪房花木深
山光悅鳥性
潭影空人心
萬籟此都寂
但餘鐘磬音

14. 상건 (708-765)

파산사 뒤 선원에 제하다[80]

맑은 새벽, 이 고찰에 드니
아침 해 높은 숲에 비치네.
구부렁 오솔길, 으슥한 곳에 이르니,
꽃과 나무 숲 속 깊이 선방.
산의 햇빛은 새의 희열,
못의 그늘 사람의 마음 비워 주어.
온갖 소리 멎어 여기 적료 서리고,
다만 종과 경쇠 소리 들릴 뿐.

---

80) 상건은 진사에 급제하였으나, 일찍이 관직에서 물러나, 명산을 유력하고, 만년에는 악저(鄂渚)에 은거하였다.

15. 儲光羲 (唐) 15. 저광희 (707-759?)

釣魚灣 / 후미에서 낚시를 드리우네[81)]

垂釣綠灣春	봄날 푸른 후미에서 낚시 드리우니,
春深杏花亂	봄도 깊어 살구꽃 흩날리네.
潭淸疑水淺	맑은 물 얕음이 의심스러워,
荷動知魚散	연꽃잎 움직거려, 흩어지는 물고기를 알겠네.
日暮待情人	날 저물어 가니, 님 기다리며,
維舟綠楊岸	푸른 버드나무 물가에 배 대어 동여매네.

81) 저광희는 당현종(唐玄宗)때, 안녹산(安祿山)의 난에 연루되어, 난후에 광동지방으로 귀양간다. 많은 시작(詩作)에서 전원의 자연을 읊는다.

16. 杜甫 (唐)　　16. 두보 (712-770)

兵車行　　병거의 노래[82]

車轔轔馬蕭蕭	수레는 덜커덩 덜커덩, 말은 허덕허덕,
行人弓箭各在腰	걸어가는 병정들 저마다 활과 화살 옆구리에 찼네.
耶孃妻子走相送	따라 달려가는 아비 어미 처자들,
塵埃不見咸陽橋	먼지 구름에 함양교[83] 안 보이네.
牽衣頓足攔道哭	옷 끌어당기며, 발 구르며, 길 막으며 통곡하니,
哭聲直上干雲霄	곡성이 바로 하늘에 미쳐 구름 헤치네.
道傍過者問行人	행인이 병정들에게 물으니,
行人但云點行頻	병정들 답, 그저 소집이 잦다고.
或從十五北防河	혹은 열다섯 살 때부터 북에 황하 방비 갔다가,

82) 751년 작품. 이 시에서 두보는 변방에 출정하는 병사들의 한탄을 읊는다.

83) 장안(長安)과 대안의 함양(咸陽) 사이, 위수(渭水)에 걸린 대교.

便至四十西營田	이제 마흔이 되어 서방 둔전[84]에서 종사하네.
去時里正與裹頭	떠날 적엔 촌장이 과두[85]로 머리 싸매 주었는데,
歸來頭白還戌邊	머리 희어져 돌아와 다시 변경에 가네.
邊庭流血成海水	변방엔 흐르는 피 바다를 이루건만,
武皇開邊意未已	무황[86]은 변방 개척 단념하지 않네.
君不聞漢家山東二百州	그대는 듣지 않는가, 산동 이백 고을엔
千村萬落生荊杞	천만 촌락이 가시밭이 되었다고.
縱有健婦把鋤犂	건장한 아낙네 쟁기 잡기로
禾生隴畝無東西	벼가 밭고랑에 나는 둥 동서 몰라.
況復秦兵耐苦戰	더욱이 섬서 지방 병사는 고전에 잘 버틴다 하여
被驅不異犬與鷄	마구 몰아쳐 부리기를 개나 닭과 달리 하지 않네.
長者雖有問	어르신네는 묻지만

84) 둔전(屯田)은 군인이 일선을 지키면서 농사하던 밭.

85) 과두는 옛날 아이가 어른이 되는 관례(冠禮)에 머리를 싸매는 의식.

86) 곧 한무제(漢武帝). 시인은 무황이라고 하나 실상 그의 시대, 당현종(唐玄宗)을 암시한다.

役夫敢申恨	어찌 병졸이 한스러움 입 밖에 낼 수 있으리오.
且如今年冬	올 겨울 같은 경우엔
未休關西卒	관서 병정들 휴가 없는데다가
縣官急索租	현관이 난데없이 조세를 걷어가니,
租稅從何出	그 돈을 어디서 염출해 내리오.
信知生男惡	참으로 아들 낳음이 나쁨을 알겠네,
反是生女好	차라리 계집아이 낳음이 좋아.
生女猶是嫁比隣	계집아이는 이웃에 시집보내도
生男埋沒隨百草	사내는 풀밭에 묻히고 마네.
君不見靑海頭	그대는 모르는가, 청해 지방에선
古來白骨無人收	고래로 백골을 아무도 거두지 않아,
新鬼煩寃舊鬼哭	새 귀신 흐느껴 울고, 옛 귀신 통곡하여,
天陰雨濕聲啾啾	흐린 날, 비 내릴 때엔 구슬피 들리는 소리.

醉時歌	취중의 노래[87]
諸公袞袞登臺省	모든 고관은 뒤이어 제 청사에 등청하는데
廣文先生官獨冷	이 광문관 교수님은 사무실에 혼자 쓸쓸해.
甲第紛紛厭粱肉	저들은 저택에서 호사롭게 성찬에 물리는데,
廣文先生飯不足	광문관 교수님은 끼니조차 부족해라.
先生有道出羲皇	교수의 철학은 희황[88]에서 오는 것,
先生有才過屈宋	교수의 재능은 굴원[89]과 송옥[90]을 앞질러.
德尊一代常坎軻	덕은 한 세대의 존경 받으련만 때를 못 만났네,
名垂萬古知何用	이름이 만고에 알려진들, 무슨 소

87) 제하(題下)에 "광문관(廣文館) 박사 정건(鄭虔)에게 드림"이라는 주가 있다. 광문관은 국립대학인 국자감(國子監)에 부설된 기관. 정건은 거기의 교수.

88) 곧 복희씨(伏羲氏). 중국 고대 전설에 나오는 삼황(三皇) 중의 한 인물. 그는 중국 문자와 『역경』(易經)의 팔괘 창시자로만 아니라, 또 농사, 목축, 고기잡이 등을 백성들에게 가르쳐 준 임금으로 알려져 있다.

89) p. 31 참조.

90) 송옥(宋玉)은 전국시대 말기 (서기전 3세기경) 초(楚)나라의 시인. 굴원의 후계자로 알려져 있다.

	용 있으랴.
杜陵野客人更嗤	이 두릉 야인[91]은 교수보다 더한 우수갯거리,
被褐短窄鬢如糸	굵은 베옷은 짧고 좁아, 귀밑털은 실오라기 같네.
日糴太倉五升米	날마다 태창[92] 가서 다섯 되 쌀 받아 오고,
時赴鄭老同襟期	때때로 정 교수님 찾아가 흉금 털어.
得錢即相覓	돈이 생기면 바로 그를 찾아가
沽酒不復疑	술 사기를 주저하지 않네.
忘形到爾汝	예절 잊고, 너 나에 이르니
痛飮眞吾師	통음이 참으로 나의 스승.
清夜沈沈動春酌	맑은 밤, 고요 속에 봄 술 주고받는데,
灯前細雨簷花落	등불 앞에 이슬비 내려 처마 옆 꽃이 떨어지네.
但覺高歌有鬼神	다만 생각나네, 소리 높여 노래하니 귀신이 들었는고.
焉知餓死塡溝壑	굶어 죽어 구렁텅이를 메운들 어

91) 두보 자신을 가리키는데, 두릉은 장안 교외에 있는 전한선제(前漢宣帝)의 능이며, 두보는 그 근처에 살았다고 한다.

92) 태창은 정부의 쌀 창고.

	씨 알 바인고.
相如逸才親滌器	상여[93]는 드문 천재였으나 몸소 그릇 씻었고,
子雲識字終投閣	자운[94]은 문자 학자였으나 끝내 누각에서 투신했지.
先生早賦歸去來	교수님, 일찍이 귀거래사[95]를 읊으시오,
石田茅屋荒蒼苔	돌밭은 거칠고 초가엔 푸른 이끼 자라고 있소.
儒術於我何有哉	유교 학문 당신에게 무슨 보람 있겠소.
孔丘盜跖俱塵埃	공자와 도척[96] 둘 다 흙으로 돌아갔소.
不須聞此意慘愴	이런 말 들음으로 우울에 빠질 필요 없소.
生前相遇且銜盃	생전에 서로 만나 잔이나 비웁시다.

93) 상여는 전한(前漢)의 문학자, 성은 사마(司馬).

94) 자운은 양웅(楊雄)의 자. 전한말의 철학자로서, 특히 고문기자(古文奇字)에 능통했다고 한다.

95) 도연명의 "귀거래혜사"("아, 돌아가야지").

96) 도척은『장자』(제29편)에 나오는 큰 도둑의 이름.

題張氏隱居 (二首) 장씨의 은거에 제하다 (2수)

其一	(1)
春山無伴獨相求	봄이 온 산에 혼자 그대 찾아오니,
伐木丁丁山更幽	텅텅 벌목하는 소리, 산 속 그윽함 더하네.
澗道餘寒歷冰雪	시냇가 오솔길은 잔설에 아직도 춥고,
石門斜日到林丘	석문산에 내려 쬐는 사양은 언덕 위 숲에 이르네.
不貪夜識金銀氣	탐심 없으니, 밤에 금은의 기운 식별하고,
遠害朝看麋鹿遊	해하는 마음 머니, 아침에 노는 사슴 바라보네.
乘興杳然迷出處	흥겨워 묘연하여, 나갈 곳 몰라 헤매는데,
對君疑是泛虛舟	마주 앉은 그대 물에 뜬 빈 배인양.

春望	봄 풍경[97]
國破山河在	나라는 망하고, 산하는 여전해.
城春草木深	성 안에는 봄, 초목이 깊어가네.
感時花濺淚	때를 슬퍼하니 피는 꽃에 눈물 흘리고,
恨別鳥驚心	헤어짐을 한탄하니 지저귀는 새에 놀라.
烽火連三月	봉화 석 달 내내 끊이지 않는데,
家書抵萬金	집 소식은 만금에 상당.
白頭搔更短	흰 머리는 긁을수록 짧아져,
渾欲不勝簪	비녀도 꽂기 어려워.

送遠	멀리 보내네
帶甲滿天地	입은 갑옷 온 천지를 메우는데,
胡爲君遠行	그대는 무엇하러 먼 걸음에 나서는고.

97) 757년 작품. 이 해에 두보는 안녹산의 난으로 장안에서 적 중에 갇혀 있었다.

親朋盡一哭	친척 친우들 다 같이 곡하는데,
鞍馬去孤城	그대는 말에 안장하고 이 외로운 고을을 떠나네.
草木歲月晩	초목은 이 해도 저물어 가고,
關河霜雪淸	변경의 황하엔 서리 눈이 희네.
別離已昨日	작별함이 벌써 어젠고.
因見古人情	이로 고인의 정을 알겠네.[98]

秦州雜詩 (二十首) 진주잡시[99] (20수)

其一 (1)

滿目悲生事	눈에 들어오는 건 모두 가엾는 인생사,
因人作遠遊	지기의 덕으로 여기 멀리 오네.
遲廻度隴怯	공포에 떨며, 멈칫멈칫 돌아 농산재를 넘어,

98) 이 구절의 뜻은 불분명. "고인"은 흔히 양(梁)의 시인 강엄(江淹)을 가리킨다고 한다. 그의 시 중에는 "의고별리"(擬古別離)가 있다.

99) 진주는 현재 감숙성(甘肅省)에 위치하는 곳. 759년에 섬서 일대에 대기근이 들어, 두보는 7월에 가족을 데리고 진주에 간다. 진주잡시는 거기서 쓴 시들이다.

浩蕩及關愁	우울 속에 관문에 다다르니 슬프기만 해.
水落魚龍夜	물이 줄어든 어룡천의 밤,
山空鳥鼠秋	인기척 없는 조서산의 가을.
西征問烽火	서쪽에 오니 봉화[100]를 묻고,
心折此淹留	마음이 좌절하여 이 곳에 주저앉네.

其三	(3)

鼓角緣邊郡	북 소리 나팔 소리 변경 고을 떨치는데,
川原欲夜時	내와 들판에 밤이 다가오네.
秋聽殷地發	저 소리 요란스레 대지를 떠나 가을 하늘에 울리고,
風散入雲悲	바람에 흩어져 슬피 구름 속에 사라지네.
抱葉寒蟬靜	나무 잎 안은 가을매미 잠잠하고
歸山獨鳥遲	외로운 새 늦어 산에 돌아가네.
萬方聲一概	만방에 울려 퍼지는 저 소리,
吾道竟何之	내 걸음은 끝내 어디로 가려는가.

---

100) 즉 일선의 사정.

乾元中寓居同谷縣作歌 (七首)	동곡현[101] 우거에서 지은 노래 (7수)
其一	(1)
有客有客字子美	길손, 길손, 그의 이름은 자미[102],
白頭亂髮垂過耳	헝클어진 흰 머리, 귀 밑까지 내려오네.
歲拾橡栗隨狙公	해마다 도토리 주으며 원숭이 따라 가는데,
天寒日暮山谷裏	하늘은 차고, 해는 산골짜기에 지네.
中原無書歸不得	중원에선 소식 없어, 돌아가지 못해,
手脚凍皴皮肉死	손 다리 얼어 트고, 살이 감각 잃네.
嗚呼一歌兮歌已哀	아, 이것이 첫째 노래, 벌써 애처로워라.
悲風爲我從天來	슬픈 바람 나 위해 하늘에서 오네.

101) 두보는 진주(秦州)에서 같은 해 여름에 동곡현으로 옮긴다.
102) 두보의 자(字).

其二	(2)
長鑱長鑱白木柄	긴 보습아, 긴 보습아, 흰 나무 자루,
我生託子以爲命	내 삶 그대에게 의지해 연명해 가네.
黃精無苗山雪盛	죽대[103] 싹은 없고, 산에 눈만 깊구나,
短衣數挽不掩脛	옷이 짧아, 자꾸 끌어당겨도 정강이 드러나네.
此時與子空歸來	지금 그대와 빈 손으로 집에 돌아오니,
男呻女吟四壁靜	사내아이 두덜두덜, 계집아이 울먹울먹, 네 벽만 잠잠해.
嗚呼二歌兮歌始放	아, 이것이 둘째 노래, 겨우 입 밖에 내네.
隣里爲我色惆悵	온 이웃이 나 위해 가엾은 낯빛 해.

103) 죽대의 뿌리, 곧 황정(黃精)은 원기를 돕는 약으로 쓰인다. 두보는 아마 황정을 캐어 팔 요량으로 산에서 죽대를 찾아다녔으리라.

有客	손을 맞네
患氣經時久	오랜 세월 천식 겪어 오다가
臨江卜宅新	새로 강가[104]에 집 마련했네.
喧卑方避俗	이제 떠들썩한 속세 떠났으니
疎快頗宜人	산뜻하고 상쾌함이 내게 꼭 맞네.
有客過茅宇	손이 이 초옥에 들르니,
呼兒正葛巾	어린것을 불러 갈포 두건을 바로 잡네.
自鋤稀菜甲	스스로 가꾸었으니 나물 새싹 드물어
小摘爲情親	조금 따 옴은 후하게 손 대접하기 위함이네.

春夜喜雨	봄 밤 기쁜 비
好雨知時節	좋은 비 시절을 알아,
當春乃發生	봄엔 온 생명을 북돋아 주네.

104) 이 강은 사천성성도(四川省成都)의 동남쪽에 흐르는 완화계(浣花溪). 두보는 여름에 동곡으로 옮겨 갔다가, 다시 그 해 12월에 가족을 데리고 성도로 이주한다.

隨風潛入夜	바람 따라 몰래 밤에 와
潤物細無聲	촘촘히 소리없이 만물을 윤택하게 축여 주네.
野徑雲俱黑	밭 오솔길, 구름 다 새까만데,
江船火獨明	강에 뜬 배 불만 빛나네.
曉看紅濕處	해돋이에 빨갛게 젖은 광경 보겠네,
花重錦官城	비에 무거워진 금관성[105] 꽃들.

春歸 — 봄에 돌아오네

苔徑臨江竹	이끼 낀 오솔길, 강가의 대나무들,
茅簷覆地花	띳집 처마, 땅 덮은 꽃들.
別來頻甲子	집 떠나 세월 지나
歸到忽春華	돌아오니 벌써 봄꽃이 피었네.
倚杖看孤石	지팡이에 기대어 외로운 바위를 내다보고,
傾壺就淺沙	술병 기울이고 물가 모래 위에 가네.
遠鷗浮水靜	멀리 갈매기 고요히 물에 뜨고,
輕燕受風斜	가벼운 제비 바람 받아 비스듬히

105) 성도의 별칭.

나네.

世路雖多梗	세상길엔 막힘이 많을지라도
吾生亦有涯	내 생도 끝있는 것.
此身醒復醉	이 몸은 깼다간 또 취하는 것,
乘興卽爲家	흥이 나면 그 자리가 바로 내 집이라.

進艇 / 거룻배를 띄우네

南京久客耕南畝	남쪽 서울[106]에 오래 묵고 있는 나그네, 남쪽 밭 갈고,
北望傷神坐北窓	북쪽 창가에 앉아서 북쪽 바라보며 상심하네.
晝引老妻乘小艇	대낮에 늙은 마누라 끌고 작은 거룻배 타러 나가니,
晴看稚子浴淸江	갠 날엔 맑은 강에서 멱감는 아이들 보네.
俱飛蛺蝶元相逐	같이 나는 나비는 원래부터 서로 좇게 마련,

106) 성도(成都)를 가리킨다.

竝蔕芙蓉本自雙	한 줄기에 나란히 피는 두 연꽃 본성대로 한 쌍.
茗飮蔗漿携所有	차랑 사탕수수 즙이랑, 있는 대로 갖고 가지,
瓷甖無謝玉爲缸	넣어 가는 사기그릇 옥그릇에 못지않네.

野人送朱櫻 　 농부가 붉은 버찌를 보내주네

西蜀櫻桃也自紅	서촉의 버찌 역시 빨갛구나.
野人相贈滿筠籠	농부가 대상자에 가득 채워 보내왔네.
數迴細寫愁仍破	여러 번 조심스레 옮기면서 상할까 두려워라.
萬顆勻圓訝許同	그 많은 알 알 어쩌면 똑같이 똥그란지 괴이쩍어.
憶昨賜霑門下省	지난 날 문하성[107]에서 은사 받던 걸 기억하지,
退朝擎出大明宮	퇴조하면서 그걸 떠받들고 대명

107) 문하성은 임금의 명령을 심의하던 관청.

궁[108]을 나왔지.

金盤玉筯無消息　금 쟁반 옥 젓가락은 무소식,

此日嘗新任轉蓬　이 날 새열매 맛보며 떠다니는 쑥대 신세에 맡기네.

太子張舍人遺織成褥段 / 태자의 장사인[109]이 털 양탄자를 보내오네

客從西北來　손이 서북에서 와

遺我翠織成　나에게 푸른 모직물을 전해 주네.

開緘風濤湧　봉함을 여니 세찬 바람이 일고 파도가 용솟음쳐

中有掉尾鯨　속에는 꼬리 젓는 고래.

逶迤羅水族　줄줄 따르는 물고기들,

瑣細不足名　자잘한 것들 이루 이름 부르기 족하지 않네.

客云充君褥　손이 말하기를, 이것을 그대의 양탄자로 쓰시오.

---

108) 대명궁은 당조 장안(唐朝 長安)의 세 궁전 중의 하나.

109) 사인은 궁중의 벼슬.

承君眞宴榮	쉬는 동안 즐기시는 영광 베풀어 주시오.
空堂魑魅走	허전한 방에서 온갖 악귀 도망가 버릴 것이오.
高枕形神淸	고침하여 쉬면 심신이 맑아질 것이오.
領客珍重意	그대의 귀한 뜻 잘 알겠소.
顧我非公卿	생각컨대 나는 나라의 벼슬아치 아니오.
留之懼不祥	이것을 집에 두면 상서롭지 못할 것이 두렵소.
施之混柴荊	이 집의 사립과 뒤섞일 것이오.
服飾定尊卑	옷차림이나 장식은 존비를 정하는 것.
大哉萬古程	과연 만고의 법.
今我一賤老	지금 나는 보잘것없는 늙은이,
裋褐更無營	누더기 밖에 소용치 못하는 처지.
煌煌珠宮物	이 양탄자는 휘황하여 진주 궁궐에 속하는 것,
寢處禍所嬰	그 위에서 자면 화를 가져올 것이오.
嘆息當路者	내가 탄식하는 건 당로자들
干戈尙縱橫	전화가 아직도 도처에 퍼지는데

掌握有權柄	권세를 손아귀에 잡고 휘두르고 있소,
衣馬自肥輕	가벼운 옷에 살찐 말 타고 다니면서.
李鼎死岐陽	이정은 기양에서 죽었소,
實以驕貴盈	실은 교만이 찬 탓이었소.
來瑱賜自盡	내진은 자진[110]의 벌을 받았소,
氣豪直阻兵	혈기 왕성해 성급히 병력을 쓴 탓이었소.
皆聞黃金多	둘 다 황금을 많이 축적했다고 들었소.
坐見悔吝生	이런 행실이 후회 초래함은 자명하겠소.
奈何田舍翁	어찌 이 시골 늙은이
受此厚貺情	이 후한 선물을 받아들이겠소.
錦鯨卷還客	수놓은 고래를 돌돌 말아 손에게 돌려주니
始覺心平和	이제 비로소 마음이 편해지네.
振我麤席塵	누추한 돗자리 들어 먼지 털고나니
媿客茹藜羹	손에게 명아주 즙 대접한 것이 부끄럽네.

110) 자진의 벌은 자살의 형벌.

倦夜 / 잠 안 오는 밤

竹涼侵臥內	대나무 서늘함이 침상에 스며들고,
野月滿庭隅	들 위 달 빛 마당 구석에 찼네.
重露成涓滴	무거워진 이슬 떨어지고,
稀星乍有無	드문 별들 비쳤다 사라졌다.
暗飛螢自照	어둠에 나는 반딧불 제 길 밝히고,
水宿鳥相呼	물에 쉬는 물새들 서로 부르네.
萬事干戈裏	만사가 방패와 창 사이에 벌어지는데,
空悲淸夜徂	덧없이 이 맑은 밤 가는 것이 슬퍼라.

絕句 (二首) / 절구 (2수)

其一 / (1)

遲日江山麗	길어진 해, 강과 산이 빛나네,
春風花草香	봄바람에 화초 향기로워라.
泥融飛燕子	녹은 흙 위를 제비 스쳐 날아가고,

沙暖睡鴛鴦	따스한 모래사장에 원앙이 졸고 있네.
其二	(2)
江碧鳥逾白	새파란 강물에 새는 한결 더 희고,
山靑花欲然	푸른 산에 꽃들 막 불 붙을 듯.
今春看又過	이 봄도 또 가버리는데,
何日是歸年	돌아갈 해는 언제 오려나.

旅夜書懷 / 여로의 밤 생각

細草微風岸	여린 풀에 바람이 솔솔 부는 물가,
危檣獨夜舟	위태로운 돛, 밤에 홀로 떠가는 배.
星垂平野闊	별들은 넓은 평야에 낮게 드리우고,
月湧大江流	달은 큰 강물에 솟아 흘러 내려가네.
名豈文章著	어찌 글 써서 세상에 이름 드러낼꼬,
官應老病休	관직은 마땅히 노병으로 쉬어야 할 것.
飄飄何所似	바람에 나부끼는 이 모습 무엇에

	비할꼬,
天地一沙鷗	하늘과 땅 사이에 뜬 하나의 물가 갈매기.

秋興 (八首) — 추흥 (8수)

其一	(1)
玉露凋傷楓樹林	구슬 이슬에 단풍 숲 시들고
巫山巫峽氣蕭森	무산 무협의 기운 쓸쓸해라.
江間波浪兼天湧	양자강 물결 하늘에 닿고,
塞上風雲接地陰	성벽 위 구름 바람에 불려 땅에 내려 어두워.
叢菊兩開他日淚	뭉쳐 자란 국화 꽃 또 다시 피었으니 지난날의 눈물,
孤舟一繫故園心	강가에 매인 외로운 배, 옛 뜰 생각.
寒衣處處催刀尺	곳곳에선 겨울옷 마름질, 도척[111]을 재촉하고,
白帝城高急暮砧	높이 백제성에선 저녁 다듬이질

111) 도척은 칼과 자라는 뜻으로 옷감을 재고 마름을 가리킨다.

소리 급하네.

白小 / 백소[112]

白小群分命	백소 종유의 운명,
天然二寸魚	천생 두 치의 물고기.
細微需水族	가늘고 작아, 다른 물고기의 먹이,
風俗當園蔬	이곳 풍속으론 푸성귀 대신.
入肆銀花亂	가게 가선 번쩍이는 은빛 꽃,
傾箱雪片虛	바구니를 기울이면 눈송이 쏟네.
生成猶拾卵	생육하기는커녕 도리어 알까지 주워오니,
盡取義何如	몽땅 먹어서야 어찌 옳으랴.

縛鷄行 / 묶인 닭의 노래

小奴縛鷄向市賣	머슴아이 닭을 묶어 장에 팔러 가려는데,

112) 매우 작은 흰 물고기. 면조어(麵條魚)라고도 부른다.

鷄被縛急相喧爭	묶인 닭은 성급히 꽥꽥 버둥거리네.
家中厭鷄食蟲蟻	식구들은 닭이 벌레 개미 먹는 걸 싫어하나,
不知鷄賣還遭烹	닭이 팔려가 도리어 볶음의 화를 당함은 모르네.
蟲鷄于人何厚薄	벌레와 닭, 사람에게 어느 것이 더 귀한가.
吾叱奴人解其縛	나는 머슴을 꾸짖어 닭을 풀게 하네.
鷄蟲得失無了時	닭과 벌레, 득실 해결 짓지 못하고,
注目寒江倚山閣	산집 마루에 기대어 추운 강을 내려다보네.

日暮	땅거미
牛羊下來久	소와 양들 산에서 내려온지도 한참,
各己閉柴門	다들 저마다 사립문 닫았네.
風月自淸夜	청풍명월이건만
江山非故園	이 강, 이 산은 나의 옛 땅이 아니네.
石泉流暗壁	바위 샘물 어스레한 벼랑 흘러내리고,

草露滴秋根	풀에 맺은 이슬 가을 뿌리에 떨어지네.
頭白灯明裏	내 머리는 등불에 흰데,
何須花燼繁	왜 저리 몹시도 불꽃이 튀는고.[113]

閣夜 / 서각[114]의 밤

歲暮陰陽催短景	세말, 음양의 추이로 해 짧아,
天涯霜雪霽寒宵	하늘 끝, 눈 멎은 추운 밤.
五更鼓角聲悲壯	오경에 북과 나팔 소리 비장해라,
三峽星河影動搖	삼협 물에 동요하는 은하수.
野哭千家聞戰伐	들판에선 천백의 가족이 곡하니 전화가 들리네,
夷歌幾處起漁樵	사방에서 들려오는 이역의 가락, 어부와 나무꾼의 노래.
臥龍躍馬終黃土	와룡약마[115]도 끝내 황토로 가버려,
人事音書漫寂寥	친지 소식 뜸해, 적요해라.

113) 등 불꽃이 튐은 좋은 징조라 한다.

114) 두보는 성도에서 떠난 뒤 가족을 데리고 기주(夔州)로 옮긴다. 서각(西閣)은 거기서 우거한 집.

115) 엎드린 용과 날뛰는 말이란 뜻으로, 영웅 명장을 가리킨다.

暫往白帝復還東屯 — 잠시 백제성에 갔다가 다시 동둔에 돌아오네

復作歸田去	밭에 되돌아가네,
猶殘獲稻功	벼 추수 일이 아직 남았지.
築場憐穴蟻	마당을 갖추어야 하니, 구멍 속의 개미 가엾어라,
拾穗許村童	마을 아이들더러 벼 이삭 줍게 하리라.
落杵光輝白	절굿공이 떨어지면 하얀 빛,
除芒子粒紅	까끄라기 벗겨지면 알알이 붉어.
加飧可扶老	저녁밥에 몇 술 더 얹어라, 노인에게 이로우니.
倉廩慰飄蓬	곡식 찬 광은 떠다니는 이 쑥대 인생에 위안이어라.

小寒食舟中作 — 소한식[116]에 배에서

佳辰强飯食猶寒	이 명절 날 찬 음식 억지로 먹고,

116) 소한식은 한식 다음 날.

陰几蕭條帶鶡冠	꿩 꼬리 머리쓰개 쓰고 소연히 안석에 기댔네.
春水船如天上坐	봄 날 배 타니, 하늘 위에 앉은 듯,
老年花似霧中看	노년에 보는 꽃 마치 안개 속에 보는 양,
娟娟戲蝶過閑幔	연연히 나는 한 쌍 나비 한가한 휘장 지나가고,
片片輕鷗下急湍	가벼운 갈매기 하나하나 급한 여울에 내려앉네.
雲白山青萬餘里	흰 구름, 푸른 산, 만 여리,
愁看直北是長安	시름에 잠겨 바로 북쪽을 바라다보니, 거기가 장안.

17. 韋應物 (唐)

17. 위응물 (737-804?)

滁州西澗

저주 서간[117)]

獨憐幽草澗邊生	시냇가에 숨은 풀 나는 남몰래 사랑하지,
上有黃鸝深樹鳴	위에는 꾀꼬리 우거진 나무속에서 우네.
春潮帶雨晚來急	봄 밀물이 비와 더불어 급히 들어오는 저녁,
野渡無人舟自橫	들 나루터엔 사람 없어, 그저 가로 누운 배.

117) 시내의 이름.

18. 司空曙 (唐)

18. 사공서 (740–790?)

江村卽事

강촌 즉사

罷釣歸來不繫船	낚시질 멈추고 돌아와, 배는 동여매지 않은 채,
江村月落正堪眠	강 마을에 달이 지니, 자리에 들기 꼭 알맞아.
縱然一夜風吹去	혹시 밤새 바람이 불어 배가 흘러가더라도
只在蘆花淺水邊	그저 갈대 꽃 속 얕은 물가에 있겠지.

19. 韓愈 (唐) | 19. 한유 (768-824)

山石 | 산 돌

山石犖确行徑微	돌 흐트러진 좁은 산길,
黃昏到寺蝙蝠飛	황혼에 절에 다다르니 박쥐가 날아가네.
昇堂坐階新雨足	법당에 올라가 층계에 앉으니 비가 갓 왔네.
芭蕉葉大支子肥	큰 파초 잎, 살찐 치자나무 열매.
僧言古壁佛畵好	중이 오랜 벽 불화가 좋다 하며
以火來照所見稀	불 갖고 와서 비추는데 보기에 희미해.
鋪牀拂席置羹飯	침상 마련하고 자리 털고, 국과 밥 차려오니,
疎糲亦足飽我飢	거칠은 현미밥도 주린 배 채우기 족해.
夜深靜臥百蟲絕	밤 깊어 고요히 누우니 온 벌레 소리 멎고,
淸月出嶺光入扉	맑은 달 산마루에 올라 빛이 문으

	로 스며드네.
天明獨去無道路	날이 밝자 홀로 나가 길 없는 데 거닐며,
出入高下窮煙霏	언덕을 오르내리고, 안개 속을 헤매네.
山紅澗碧紛爛漫	붉은 산, 푸른 골짜기 물, 찬란하여라,
時見松櫪皆十圍	이따금 보는 소나무 가죽나무 모두 열 아름.
當流赤足蹋澗石	시냇물에 이르자 맨발로 물 속 돌 디디니,
水聲激激風吹衣	거센 물소리, 바람이 옷을 펄럭이네.
人生如此自可樂	인생이란 이처럼 스스로 즐길 일,
豈必局束爲人鞿	어찌 구붓거리며 남에게 고삐 잡혀 끌려 다니랴.
嗟哉吾黨二三子	아, 내 몇몇 동료들이여,
安得至老不更歸	어찌 늙고서도 산에 돌아오지 못하는고.

20. 柳宗元 (唐) 20. 유종원 (773-819)

溪居 시냇가에 사네[118]

久爲簪組累	오랫동안 비녀와 인장 끈[119]에 사로잡혀 살다가
幸此南夷謫	다행히 이 남쪽 오랑캐[120] 지역에 정배왔네.
閑依農圃鄰	한가로워라 이웃은 논 밭,
偶似山林客	우연히 산사람이 된 양.
曉耕翻露草	새벽엔 밭 갈며 이슬 젖은 풀 뒤집고,

118) 유종원은 당순종(唐順宗) 시에 왕숙문(王叔文)의 정치개혁에 상관하였다가, 그로 인해, 다음 헌종(憲宗) 시에 영주사마(永州司馬)로 좌천당한다. 사마는 지방 관직. 그의 『우계시서』(愚溪詩序)에 다음과 같은 기록이 들어 있다. "관수(灌水) 북쪽에 시내가 있는데, 그것이 동쪽으로 흘러 소수(瀟水)에 들어간다.... 나는 어리석음(愚)으로 죄를 지어 소수 물가에 정배 왔는데, 이 시내를 사랑한다.... 이름하여 우계(愚溪)라 한다. 이 시내 위에 작은 언덕을 사서 그것을 우구(愚丘)라 부른다. 거기서 동북으로 60보 가량 가면 샘물이 있어, 그것을 사서 우천(愚泉)이라 한다. [이 샘물이 언덕 아래로 흘러내리는 것을 막아서] 우지(愚池)를 만들고... 그 가운데를 우도(愚島)라 한다.... 다 산수가 기이한 곳이다. 나 때문에 모두 어리석음(愚)으로 욕된 이름을 받았다."

119) "비녀와 인장 끈"은 관리 생활을 가리킨다. 비녀는 관을 머리에 고정시키기 위한 것이고, 인장 끈은 관직의 도장이나 패옥에 달린 끈을 말한다.

120) 남쪽 오랑캐란 옛적 초(楚) 지역을 가리키는데, 양자강 중류 남쪽이다.

夜榜響溪石	밤엔 노 저어 시내 돌을 두드리네.
來往不逢人	가나오나 만나는 사람 없네,
長歌楚天碧	길게 소리 뽑으니 초나라 하늘이 푸르러라.

夏初雨後尋愚溪

초여름 비 내린 뒤에 우계를 거니네

悠悠雨初霽	부슬부슬 내리던 비 처음 개어,
獨繞清溪曲	혼자 맑은 시내 굽이 돌아 거니네.
引杖試荒泉	지팡이로 불은 샘물 재어보고,
解帶圍新竹	띠 풀어 새로 난 대나무 둘러보네.
沉吟亦何事	웬 일인가, 속에서 이 치밀어 오르는 침울감,
寂寞固所欲	고요는 언제나 바라던 것.
幸此息營營	요행히 여기 와 아득바득한 생활 멎었지,
嘯歌靜炎燠	휘파람불며 노래하니 타오르는 속 가라앉네.

雨後曉行獨至愚溪北池 / 비 온 뒤 새벽에 우계 북쪽 연못에 홀로 가네

宿運散洲渚	간밤의 구름 물가에서 사라지고
曉日明村塢	새벽 해 마을에 밝게 비치네.
高樹臨淸池	맑은 못가에 선 높은 나무들,
風驚夜來雨	바람이 불어 밤에 내린 빗방울 놀래네.
予心適無事	내 마음은 할 일 없이 고요해,
偶此成賓主	지금 이것이 주객 하나 이룬 경지.

旦携謝山人至愚池 / 아침에 사산인과 같이 우지에 이르네

新沐換輕幘	새로 목욕하고 가벼운 두건 갈아 썼네,
曉池風露淸	새벽 연못 바람과 이슬 맑아라.
自諧塵外意	다 속세 떠난 내 뜻에 맞네,
況與幽人行	더욱이 은자와 더불어 가는 걸음 아닌가.

霞散衆山迥	노을 흩어져 많은 산이 멀리 드러나고
天高數雁鳴	하늘 높이 기러기 서넛이 울며 날아가네.
機心付當路	꾀하는 마음 당로자에 맡길 일,
聊適羲皇情	적이 희황[121]의 심정 따라 고요해라.

秋曉行南谷經荒村 / 가을 새벽 남곡에 가며 황폐한 마을을 지나네

杪秋霜露重	늦가을, 서리 몹시 내렸네,
晨起行幽谷	새벽에 일어나 으슥한 골짜기 지나가네.
黃葉覆溪橋	노란 잎 개울 다리 덮고,
荒村唯古木	황폐한 마을엔 그저 고목뿐.
寒花疎寂歷	가을 꽃 드문드문, 쓸쓸해라,
幽泉微斷續	그윽한 샘물 소리 겨우 들렸다 말았다.
機心久已忘	꾀하는 마음은 이미 잊은지 오래

121) 복희씨. p. 121 (주 88) 참조.

되는데,

何事驚麋鹿 — 사슴을 놀래는 건 무슨 까닭인가.[122]

漁翁 / 늙은 어부

漁翁夜傍西巖宿 — 늙은 어부 밤에 서쪽 바위 옆에 쉬고,
曉汲淸湘燃楚竹 — 새벽에 맑은 상강에서 물 푸고, 초땅 대를 태우네.
煙銷日出不見人 — 안개 걷히고 해돋이, 사람은 안 보이는데,
欸乃一聲山水綠 — 다만 노젓는 소리, 산과 물 초록색.
迴看天際下中流 — 먼 하늘 바라보며 중류를 내려가니,
巖上無心雲相逐 — 산 위 구름이 무심히 좇아가네.

122) 『열자』에 나오는 이야기, p. 104 (주 70) 참조.

江雪 / 눈 내린 강

千山鳥飛絕	천백의 산, 새들 날기를 멎고,
萬徑人蹤滅	천만의 오솔길, 사람 발자취 끊어졌네.
孤舟蓑笠翁	외로운 배, 도롱이에 삿갓 쓴 늙은이
獨釣寒江雪	홀로 낚시 드리웠네, 눈 내린 겨울 강.

自衡陽移桂十餘本植零陵所住精舍 / 형양에서 계수나무 십여 그루를 옮겨 영능[123]의 정사에 갖다 심네

謫官去南裔	관직 내놓고 이 남방 벽지에 귀양오니,
淸湘繞靈岳	맑은 상강이 이 영산 두레를 도네.
晨登蒹葭岸	이른 아침 갈대 자란 강 언덕을 오르니,
霜景霽紛濁	서리에 탁한 공기 씻겨, 개인 하늘.
離披得幽桂	덮은 풀을 헤치고 숨은 계수나무

123) 영능은 영주(永州)의 별칭. 유종원은 영주로 간 뒤, 일단 그 곳의 용흥사(龍興寺)에 거처한다.

	를 찾아내니
芳本欣盈握	좋아라, 그 향기로운 줄기 한 줌에 드네.
火耕困煙爐	계수나무는 화경으로 연기에 시달리고,
薪採久摧剝	오랫동안 땔 나무로 채벌되어 왔지.
道旁且不顧	길가에 자라도 아무도 돌보지 않으니,
岑嶺況悠邈	하물며 멀리 높은 산 속에 떨어져 자라서랴.
傾筐壅故壤	광주리에 넣어 제 흙으로 다져 채우고,
棲息期鸞鷟	봉황이 깃들일 걸 기약하네.
路遠淸涼宮	청량궁[124]까지 길은 멀지만,
一雨悟無學	한번 비 내려 눈 뜨면, 더 배울 것 없으리라.
南人始珍重	남쪽 사람들 비로소 이 나무를 진중히 여긴다면
微我誰先覺	나 아니었던들 누가 이걸 일깨웠으랴.

124) 청량궁은 시인이 묵고 있는 용흥사를 가리킴.

芳意不可傳	향긋한 뜻은 전할 수 없는 것,
丹心徒自渥	단심은 다만 스스로 흡족해.

早梅 / 이른 매화

早梅發高樹	이른 매화꽃 나무 높이 피어,
迥映楚天碧	푸른 초 하늘에 아득히 빛나네.
朔吹飄夜香	북풍에 밤 꽃 향기 불어오고,
繁霜滋曉白	몹시 내린 서리에 새벽 흰 빛이 윤나네.
欲爲萬里贈	이 꽃 만리 밖에 선물하고자 하나,
杳杳山水隔	아득히 산과 물로 떨어졌네.
寒英坐銷落	추위에 하염없이 꽃잎이 떨어지겠네.
何用慰遠客	무엇으로 먼 벗을 위로하랴.

首春逢耕者 / 이른 봄에 농부들을 만나네

南楚春候早	남쪽 초 땅엔 봄철이 일찍 오니,
餘寒已滋榮	남은 추위에도 벌써 초목이 자라네.

土膏釋原野	흙 양분이 들판에 스며들고,
百蟄競所營	땅 밑 온 생명들 생존경쟁에 바빠라.
綴景未及郊	봄 풍경 아직 들에 미치지 않았지만,
穡人先耦耕	농부들 미리 밭을 가네.
園林幽鳥囀	숲 속 깊이 새들이 지저귀고,
渚澤新泉淸	늪은 새 샘물로 맑아.
農事誠素務	농사는 참으로 타고난 직업이거늘,
羈囚阻平生	얽매고 갇힌 생활로 평생 못해 왔네.
故池想蕪沒	두려워라, 옛 못이 잡초 속에 묻히고
遺畝當榛荊	버리고 온 밭이 싸리밭 되었으리라.
慕隱旣有繫	은둔을 그리면서, 밧줄에 묶였었네,
圖功遂無成	공 세우려 했으나 끝내 이루지 못하고.
聊從田父言	잠간 한 농부의 말 본받아[125]
款曲陳此情	내 심정 실토하겠네.
眷然撫耒耜	정답게 쟁기 어루만지며,
回首煙雲橫	고개 돌리니 하늘엔 안개구름이 자욱해라.

125) "한 농부"란 도연명을 가리킨다고 읽는다. 도연명의 여러 시에 무엇을 "정 어린 손으로 … 어루만진다(撫)"는 표현이 잘 나온다.

田家 (三首) / 농가 (3수)

其一	(1)
蓐食徇所務	일어난 자리에서 밥 먹고, 일 나가,
驅牛向東阡	소 몰아, 동쪽 밭으로 향하네.
鷄鳴村巷白	닭이 우니, 훤해지는 마을 오솔 길,
夜色歸暮田	밤 어둠에야 저녁 밭에서 돌아오네.
札札耒耜聲	탁탁 쟁기로 밭가는 소리,
飛飛來烏鳶	훨훨 까마귀 솔개 날아오네.
竭玆筋力事	근력껏 농사하니,
持用窮歲年	한 해가 지났네.
盡輸助徭役	추수는 나라에 다 바쳐 역사 덜하겠네,
聊就空自眠	이제 지칠대로 지쳐 저절로 잠들겠네.
子孫日已長	자손은 벌써 날마다 자라 가니
世世還復然	대대로 이를 또 되풀이하리라.

## 飮酒	## 술 마시네
今旦少愉樂	오늘 아침 기분 덜 좋아,
起坐開淸樽	일어나 앉자 맑은 술 단지를 열었네.
擧觴酹先酒	잔 들어 먼저 조상에게 올리고,
爲我驅憂煩	내게서 근심 걱정을 몰아냈지.
須臾心自殊	순식간에 마음이 저절로 달라지니,
頓覺天地暄	돌연 온 천지 따스해짐을 느끼네.
連山變幽晦	잇달은 산들 어두컴컴한 색조 변하고,
淥水函晏溫	맑은 물 온화함 품네.
藹藹南郭門	녹색이 자욱한 남쪽 성문,
樹木一何繁	나무가 어찌나 우거졌는지.
淸陰可自庇	선선한 그늘, 스스로 가리고,
竟夕聞佳言	저녁엔 아름다운 말소리 들리네.
盡醉無復辭	취할대로 취해도, 사양하지 않겠네,
偃臥有芳蓀	드러누우려면, 저기 향기로운 난초가 있네.
彼哉晋楚富	저 진과 초[126]의 부자들

126) 『맹자』(孟子), 공손축장구하(公孫丑章句下)에 진과 초, 두 나라의 부가 언급되어 있음.

此道未必存	아직 이 세계 있음을 몰랐지.

商山臨路有孤松 — 상산 길가에 외로운 소나무가 하나 서 있다.[127]

往來斫以爲明	왕래하는 사람들이 그 나무를 잘라 길을 밝게 한다.
好事者憐之	관심 가진 사람이 이를 가엾게 여겨,
編竹成援遂其生植	대를 엮어 울타리를 만들어 그 나무를 자라도록 하였다.
感而賦詩	느끼는 바 있어, 시를 짓다.

孤松停翠蓋	고송이 초록 우산 쳐들고,
託根臨廣路	뿌리 뻗어 큰길가에 섰으니.
不以險自防	위험스러워, 스스로 안전치 못해라,
遂爲明所誤	결국 밝은 길 위해 잘못 저질렀네.
幸逢仁惠意	다행히 어진 뜻 가진 사람 있어,

127) 이 시에는 원래 제목이 따로 없이, 다섯줄의 문장이 시 앞에 씌어 있다. 첫 줄을 제목으로 삼고, 나머지를 서문으로 취급해 옮긴다.

重此藩籬護 거듭 이 울타리 보호해 주었네.

猶有半心存 아직도 반은 살아 있는 나무 고갱이,

時將承雨露 때마침 비가 내리려네.

柳州城西北隅種甘樹 유주성[128] 서북 모퉁이에 황감 나무를 심네

手種黃甘二百株 내 손으로 황감 이백 그루 심었지,

春來新葉徧城隅 봄이 오면 새 잎이 성 모퉁이 돌아가며 펴지네.

方同楚客憐皇樹 바로 굴원이 황수를 사랑했음과 같지,[129]

不學荊州利木奴 귤나무로 이득 본 형주[130]를 본받아서 아니었지.

幾歲開花聞噴雪 몇 년이면 꽃피어, 눈송이 뿜는 소리 듣겠네,

128) 유종원은 영주에서 약 10년간 귀양살이 하고, 그 후 더 남쪽에 있는 유주(柳州)에 유주자사(柳州刺史)로 간다.

129) 굴원은 "귤나무를 기리는 노래"에서 귤나무를 "하느님의 기꺼운 나무(皇喜樹)"라 부른다. p. 32 참조.

130) 삼국시대(三國時代)에 오(吳)의 태수 이형(李衡)이 용양(龍陽)에 귤나무 천 그루를 심어 이익을 본 고사가 있다. 용양은 한 때 형주의 수부였다.

何人摘實見垂珠	누가 그 열매 따면서 드리운 진주 보랴.
若敎坐待成林日	만약 나로 하여금 황감 숲 이룰 날까지 기다리게 한다면
滋味還堪養老夫	그 자양 또한 이 늙은이를 보양하기에 족하리라.

21. 白居易 (唐) / 21. 백거이 (772-846)

夜雪 / 밤 눈

已訝衾枕冷	이부자리 차지 않나 벌써 느꼈는데
復見窻戶明	또 보이는 밝은 창문.
夜深知雪重	깊은 밤, 눈 몹시 내림을 의식하는 순간,
時聞折竹聲	부러지는 대나무 소리.

睡起晏坐 / 잠에서 깨어 편히 앉네

後亭晝眠足	집 뒤 정자에서 실컷 낮잠 자고,
起坐春景暮	일어나 앉으니 봄날이 저물어 가네.
新覺眼猶昏	금방 깨어 눈이 아직 어두워,
無思心正住	아무 생각 없으니, 마음이 바른 자리 찾았네.
淡寂歸一性	담담한 고요, 마음이 본성에 돌아가
虛閑遺萬慮	비어 아늑하며, 천만 걱정 가버리네.

了然此時心 환하여라 이 때의 마음
無物可譬喻 아무것에도 비할 수 없네.
本是無有鄕 본래 무유향,[131]
亦名不用處 또 불용처[132]라 이름하지.
行禪與坐忘 참선과 좌망[133]
同歸無異路 다다르는 데 같으니, 다른 길 없네.

香鑪峯下, 新置草堂, 卽事詠懷, 題於石上. 향로봉 아래에 새로 초당을 짓다. 마음에 떠오르는 대로 읊고, 바위 위에 쓰다.[134]

---

131) 곧 무(無)의 경지. 『장자』, 소요유편(逍遙遊篇) 마지막 에피소드에서 혜자(惠子)가 장자의 무위(無爲)를 비평하여 아무 소용없는 거목에 비한다. 장자의 답: "지금 그대는 이 큰 나무가 쓸 수 없음을 걱정하네. 왜 그걸 아무것도 없는 마을(無何有之鄕), 저 광막한 들에 심고, 배회 소요하며, 혹은 그 옆에서 할 일 없이 쉬고, 혹은 그 밑에 누워 자지 않는가…."

132) 불용처는 현상계를 초월한 경지를 말하는 불교 개념.

133) 앉아 만사를 잊은 경지. 『장자』 대종사편(大宗師篇)에서 공자가 제자 안회(顔回)에게 그의 공부 진행에 대해 묻는다. 끝에서, 제자는 그가 다다른 경지를 말한다. "사지와 몸을 떨어뜨리고, 총명을 버립니다. 육체와 지혜가 가 버리니, 큰 길(大通)이 열려 하나됩니다. 이를 앉아 잊음(坐忘)이라 합니다."

134) 이 시는 817년 작. 백거이는 815년에 태자의 고문 격인 한직에 있는 처지로, 재상인 원형(元衡)이 암살되자 그 진상구명을 상소한다. 이 행위가 월권행위로 규탄을 받고, 결국 강주사마(江州司馬)로 좌천당한다. 향로봉은 강주 남쪽에 있는 노산(廬山)의 한 봉우리. 백거이는 거기에 초당을 짓는다. 앞의 두 시와 또 다음 세 수도 같은 강주시기의 작품이다.

香鑪峯北面	향로봉 북쪽,
遺愛寺西偏	유애사 서쪽 옆.
白石何鑿鑿	흰 돌 어찌나 산뜻한지,
清流亦潺潺	맑은 시내 또 졸졸 흘러내리네.
有松數十株	소나무 수십 그루,
有竹千餘竿	대나무 천여 대.
松張翠繖蓋	소나무는 초록 우산 펴고
竹倚青琅玕	대나무는 파란 낭간[135]에 기댔네.
其下無人居	그 아래 사는 사람 없어,
惜哉多歲年	아쉬어라, 오랜 세월.
有時聚猿鳥	때때로 원숭이며 새들 모여들고,
終日空風煙	종일 덧없이 바람과 안개 오가네.
時有沈冥子	이제 여기 심명자[136] 나타나네,
姓白字樂天	성은 백, 자는 낙천.
平生無所好	평소에 좋아하는 것이란 없는데
見此心依然	이 곳 보고 마음이 끌렸네.
如獲終老地	마치 노년 마칠 곳 얻은 듯,
忽乎不知還	갑자기 돌아설 줄 모르네.
架巖結茅宇	벼랑에 붙여 초옥 짓고,

135) 낭간은 옥처럼 아름다운 돌.

136) 심명자란 산의 고요에 즐겨 잠기는 사람이란 뜻.

斲壑開茶園　골짜기 벽 깎아 차 밭을 일구리라.
何以洗我耳　무엇으로 내 귀 씻을꼬,
屋頭落飛泉　집 위에서 샘물 날아 내려오네.
何以淨我眼　무엇으로 내 눈 정결히 할꼬,
砌下生白蓮　섬돌 아래 흰 연꽃이 자라네.
左手攜一壺　왼손에 술 병 하나 들고,
右手挈五絃　오른손에 다섯 줄 거문고.
傲然意自足　초연히, 흐뭇해
箕踞於其間　두 사이에 다리 뻗고 앉으리.
興酣仰天歌　흥이 올라, 하늘 쳐다보고 노래하며,
歌中聊寄言　노래 속에 한두 마디 속말을 넣으리라.
言我本野夫　나는 원래 들 사람,
誤爲世網牽　길 잘못 들어 세상 그물에 끌렸네.
時來昔捧日　때가 왔을 제, 예전에 천자 받들고,
老去今歸山　늙자 물러나 지금 산에 돌아왔네.
倦鳥得茂樹　지친 새 무성한 숲 다시 찾고,
涸魚反淸源　목마른 물고기 맑은 물에 돌아오네.
捨此欲焉往　이곳 버리고 어디 갈꼬,
人間多險艱　인간 세상엔 험난이 많아.

重題 (四首)	제를 거듭해 (4수)
其三	(3)
日高睡足猶慵起	해 높고, 잠도 족하나, 일어나기에 게을러라,
小閣重衾不怕寒	작은 방, 덧이불 밑, 추위 걱정 없네.
遺愛寺鐘欹枕聽	유애사 종소리는 베개 높여 듣고,
香鑪峯雪撥簾看	향로봉 눈은 발 쳐올려 내다보네.
匡廬便是逃名地	광로[137]는 곧 명성 피하는 곳,
司馬仍爲送老官	사마는 늙은 벼슬아치 보내는 자리.
心泰身寧是歸處	마음 편하고 몸 탈없으니, 여기 내 돌아갈 곳,
故鄕可獨在長安	고향이 오직 장안뿐일꼬.

137) 향로봉의 별칭.

小池 (二首)

其二

有意不在大
湛湛方丈餘
荷側瀉淸露
萍開見游魚
每一臨此坐
憶歸靑溪居

작은 못 (2수)

(2)

바라던 연못, 크지는 않아도,
물이 넘실넘실, 사방 열 자 남짓.
연꽃 잎 기울어지니 떨어지는 맑은 이슬,
마름풀 열리니, 헤엄치는 물고기.
이 못가에 앉을 때마다
푸른 골짜기 시냇가에 살 걸 생각하네.

山中獨吟

人各有一癖
我癖在章句
萬緣皆已銷
此病獨未去
每逢美風景

산중에서 혼자 시를 읊네

사람은 저마다 괴벽이 있는 것,
내 괴벽은 글귀 쓰는 일.
천만 집착 다 사라져도
이 병마는 혼자 가지 않네.
아름다운 풍경 볼 때마다,

或對好親故	혹은 친한 벗 대할 때마다,
高聲詠一篇	소리 높여 시 한 수 읊으니
恍若與神遇	도취함이 마치 신을 만난 양.
自爲江上客	양자강 나그네 된 이후로
半在山中住	반은 산 속에 살아왔지.
有時新詩成	가끔 새 시 짓고는
獨上東巖路	홀로 동쪽 바윗길 올라가네.
身依白石崖	몸은 흰 돌 벼랑에 기대고,
手攀青桂樹	손은 푸른 계수나무 잡고,
狂吟驚林壑	미쳐 읊으니, 숲과 골짜기 놀라고,
猿鳥皆窺覻	원숭이 새들 다 나를 엿보네.
恐爲世所嗤	세상 웃음거리 될까 두려워
故就無人處	사람 없는 곳으로 가지.

負冬日 / 겨울 햇빛을 등에 지네

杲杲冬日出	밝고 밝은 겨울 해 돋아,
照我屋南隅	내 집 남쪽 구석을 비추네.
負暄閉目坐	따스한 등, 눈 감고 앉으니
和氣生肌膚	화기가 피부에 일어나네.

初似飲醇醪　처음엔 좋은 막걸리 마신 듯,
又如蟄者蘇　또 마치 땅 속에 죽쳤던 벌레 소생하는 듯.
外融百骸暢　몸은 느긋이 풀리고, 온 뼈가 벋치고,
中適一念無　속은 흐뭇하여 아무 생각 없네.
曠然忘所在　활짝 열려, 있는 곳 잊으니,
心與虛空俱　마음은 허공과 하나.

春江　봄날의 양자강

炎涼昏曉苦推遷　더위와 추위, 밤과 새벽, 쉴새없이 가고 오고,
不覺忠州已二年　모르는 사이에 충주[138] 온 지 벌써 두 해.
閉閤只聽朝暮鼓　안문 닫으면 그저 들리는 건 아침 저녁 북 소리,
上樓空望往來船　누각에 올라가 덧없이 바라다보니

138) 백거이는 강주사마로 4년 있은 후, 충주자사(忠州刺史)로 다시 명을 받아 옮긴다. 다음 해 (820년)에, 헌종이 사망하고, 목종(穆宗)이 즉위하자, 장안에 소환된다. 이 시와 그리고 앞의 시, 또 다음 세 수도 이 짧은 충주시기에 속한다.

왕래하는 배들.

鶯聲誘引來花下　꾀꼬리 소리에 끌려 꽃밭에 내려오니,
草色勾留坐水邊　풀빛에 붙잡혀 물가에 앉네.
唯有春江看未厭　오직 봄날 강 경치 싫증 안 나는구나,
縈沙遶石淥潺湲　모래와 돌 사이 졸졸 돌아가는 맑은 물.

步東坡 / 동쪽 언덕을 거니네

朝上東坡步　아침에 동쪽 언덕에 올라가 거닐고,
夕上東坡步　저녁에 동쪽 언덕에 올라가 거니네.
東坡何所愛　동쪽 언덕 무엇을 사랑하는고,
愛此新成樹　거기 새로 자라는 나무들 사랑하지.
種植當歲初　그걸 심은 것이 이 해 정초였지,
滋榮及春暮　늦봄에는 어엿하게 자랐네.
信意取次栽　마음 내키는 대로 함부로 심어서
無行亦無數　줄 없고 몇 그룬지도 몰라.
綠陰斜景轉　녹음은 기울어 가는 해 따라 옮겨가고,

香氣微風度	향기는 미풍에 퍼지네.
新葉鳥下來	새 잎에 새가 내려오고,
萎花蝶飛去	이울어진 꽃에서 나비가 날아가네.
閑携斑竹杖	한가로이 얼룩진 대나무 지팡이 짚고
徐曳黃麻履	서서히 누런 삼신 끌고 가네.
欲識往來頻	얼마나 거기 자주 오가고 했는지 알려는가,
青蕪成白路	푸른 풀밭에 흰 길이 났다네.

委順	**흐름에 맡기네**
山城雖荒蕪	이 산 고을 거칠지라도
竹樹有嘉色	대와 나무 아름다운 빛.
郡俸誠不多	군의 녹은 참으로 적으나
亦足充衣食	의식에 넉넉해.
外累由心起	바깥 걱정은 마음에서 오는 것,
心寧累自息	마음 고요하니, 걱정 저절로 멎어.
尚欲忘家鄉	아직도 고향을 잊으려는가.
誰能算官職	누가 벼슬자리를 가늠하겠는가.

宜懷齊遠近　마음 안정하니, 원근이 같아,
委順隨南北　흐름에 맡겨 남으로 북으로 가네.
歸去誠可憐　고향에 돌아감은 참으로 기쁘리라,
天涯住亦得　하늘 끝에 살아도 흡족해.

別種東坡花樹 (兩絕) 동쪽 언덕에 심은 꽃과 나무에 작별하네 (2수)

其一　(1)

二年留滯在江城　이 강가 고을에 머무른 지도 두 해,
草樹禽魚盡有情　풀, 나무, 새, 물고기 다 정들었네.
何處殷勤重廻首　은근히 거듭 돌아보는 곳이 어딘고.
東坡桃李種新成　동쪽 언덕에 심은 복숭아 자두나무 다 자랐네.

其二　(2)

花林好住莫顦顇　꽃이여, 나무여, 잘들 있게, 풀죽지 말게,

春至但知依舊春	봄이 오거든, 꼭 옛 봄처럼 소생할 줄 알아.
樓上明年新太守	오는 해에는 새 태수 누상에 오르리라,
不妨還是愛花人	그 또한 꽃 즐기는 사람이기를 바라네.

池上早秋 / 못가 이른 가을

荷芰綠參差	연꽃 잎 마름 잎, 푸른 잎들 두루 섞였네,
新秋水滿池	이른 가을, 물 가득 찬 연못.
早涼生北檻	벌써 서늘한 바람 북쪽 난간에 일고,
殘照下東籬	지는 해는 동쪽 대울 아래 비치네.
露飽蟬聲懶	이슬에 물린 매미 소리 게으르고,
風乾柳意衰	버드나무는 마른 바람에 기운 잃었네.
過潘二十歲	나는 반악[139]보다 나이 스무살 더

139) 반악(潘岳)은 서진(西晉)의 시인 (247-300). 반악이 32세에 흰 머리가 나기 시작했다는 고사에 비추어, 백거이 자신은 이제 쉰이 지나 백발을 한탄할 처지가 아님을 뜻한다.

	한데
何必更愁悲	왜 꼭 더 슬퍼하랴.

偶作 (二首) / 우작 (2수)

其二	(2)
日出起盥櫛	해 돋자 일어나 세수하고 머리 빗고,
振衣入道場	옷 털고 도량에 들어가네.
寂然無他念	고요해라, 아무 생각 없이,
但對一爐香	다만 향로 하나 대하네.
日高始就食	해가 높을 제 비로소 식사하되,
食亦非膏粱	호사스런 음식 삼가네.
精粗隨所有	좋건 궂건 있는 걸 먹어도
亦足飽充腸	넉넉히 배 채워 만족해.
日午脫巾簪	오정에 두건과 비녀 벗고,
燕息窻下牀	창 아래 침상에 쉬네.
淸風颯然至	청풍이 가벼이 불어 들어오니
臥可致羲皇	누워서 희황의 경지에 들겠네.
日西引杖履	해가 서쪽으로 기울자 지팡이와

삼신 끌고

散步遊臨塘　산보 나가 숲과 못가 거니네.

或飮茶一盞　혹은 차 한 잔 마시고,

或吟詩一章　혹은 시 한 수 읊조리고.

日入多不食　해진 뒤에는 좀처럼 먹지 않고,

有時唯命觴　때로 그저 술잔을 청하지.

何以送閑夜　무얼로 밤을 고요히 보내는고.

一曲秋霓裳　가을엔 예상[140]의 곡.

一日分五時　하루 시간 다섯으로 나누어,

作息率有常　일하나 쉬나 일과에 대강 변함이 없지.

自喜老後健　노후 건강을 즐기며

不嫌閑中忙　한중망을 꺼리지 않네.

是非一以貫　옳고 그름은 한 줄에 꿴 것,

身世交相忘　세상과 나 서로 어울려, 서로 잊네.

若問此何許　누가 이 경지가 어디냐고 물으면

此是無何鄕　여기가 바로 무하향[141]이라.

---

140) 예상은 "예상우의곡"(霓裳羽衣曲)을 가리키는데, 선인을 노래하는 무곡. 당현종(唐玄宗)의 작곡이라 한다.

141) 곧 무하유지향(無何有之鄕). p. 164 (주 131) 참조.

府西池	관아 서쪽 못
柳無氣力枝先動	기력 없는 버드나무 가지 끝이 흔들고,
池有波文氷盡開	못에 무늬진 물결, 얼음이 다 녹아 열리네.
今日不知誰計會	오늘 누가 뜻하는 바인지 몰라도,
春風春水一時來	봄바람 봄물이 일시에 오는구나.

22. 杜牧 (唐)　22. 두목 (803-852)

江南春絕句　강남[142]의 봄

千里鶯啼綠映紅	강남 천리, 꾀꼬리 울고 신록에 붉은 꽃이 비치네.
水村山郭酒旗風	강변 마을, 산성 고을에 주막 깃발 바람에 나부껴.
南朝四百八十寺	남조[143] 사찰 사백 팔십,
多少樓臺烟雨中	수많은 절 누대에 이슬비 내리네.

山行　산에 가네

遠上寒山石徑斜	추운 산에 멀리 오르니, 돌길이 옆으로 기울어 가네,
白雲生處有人家	흰 구름 솟는 곳에 인가 하나.
停車坐愛楓林晚	수레 멎고 단풍 숲 즐기는 황혼,

---

142) 양자강 남쪽.

143) 남북조(南北朝) (420-589)를 가리킴.

霜葉紅於二月花	서리 맞은 잎 이월[144]의 꽃보다 붉어라.

九日齊山登高 / 중양에 제산에 오르네

江涵秋影雁初飛	가을 풍경 머금은 강, 기러기들 날아가기 시작하네.
與客携壺上翠微	손과 같이 술병 들고 초록 안개 속 오르네.
塵世難逢開口笑	풍진 세상, 입 벌려 웃는 얼굴 보기 어려워라.
菊花須插滿頭歸	온 머리에 꼭 국화꽃 꽂고 돌아가리라.
但將酩酊酬佳節	이 명절은 술에 푹 취해 셀 날,
不用登臨恨落暉	무엇하러 산에 올라와 떨어지는 해를 슬퍼할꼬.
古往今來只如此	이처럼 예는 가고, 새 날이 오는 것.
牛山何必淚沾衣	우산에서 하필이면 눈물 흘려 옷 적실꼬.[145]

144) 음력 이월, 봄.

23. 溫庭筠 (唐)

商山早行

晨起動征鐸
客行悲故鄉
雞聲茅店月
人迹板橋霜
槲葉落山路
枳花明驛牆
因思杜陵夢
鳧雁滿回塘

23. 온정균 (812?–870?)

아침 일찍 상산을 넘네

새벽에 일어나니, 수레 방울 울리네.
나그네 가는 길, 슬퍼라 고향.
닭 우는 소리, 주막 지붕 위에 뜬 달.
서리 덮인 다리 위에 사람 간 발
자취.
떡갈나무 잎 산길에 떨어졌네,
탱자꽃 역 담장 밝히네.
두릉에서 꾼 꿈이 생각나네,
물오리 기러기 덮인 굽이진 둑.

---

145) 전국시대에 제(齊)의 경공(景公)이 우산에 올라가 눈 아래 임치(臨淄)를 내려다보며, 사후 그 곳을 두고 떠날 걸 한탄했다는 고사가 있다.

## 24. 梅堯臣 (宋)	## 24. 매요신 (1002-1060)
### 魯山山行	### 노산 산길을 가네
適與野情愜	산수 즐기는 내 정서 알맞게
千山高復低	높고 낮은 산 천백.
好峰隨處改	곳 따라 달라지는 봉우리의 가경,
幽徑獨行迷	으슥한 산길 혼자 가다 길 잃었네.
霜落熊升樹	서리 내려앉고, 곰은 나무에 올랐네,
林空鹿飮溪	사람 기척 없는 숲, 시냇물 마시는 사슴.
人家在何許	인가는 어디 있는고,
雲外一聲雞	구름 저 편에서 들려오는 닭 우는 소리 한 번.

25. 歐陽修 (宋) / 25. 구양수 (1007–1072)

戲答元珍 / 원진에게 농 삼아 답하네

春風疑不到天涯	봄바람 하늘 끝에 다다르지 않나 의심스러워,
二月山城未見花	이월인데 이 산 고을에선 꽃을 못 보네.
殘雪壓枝猶有橘	잔설이 아직도 귤 달린 가지 눌르고,
凍雷驚筍欲抽芽	겨울 천둥에 놀란 죽순, 싹 돋으려 하네.
夜聞歸雁生鄕思	밤에 돌아가는 기러기 소리 들으니, 고향 생각,
病入新年感物華	병상에서 새해 맞이해, 풍경에 예민해라.
曾是洛陽花下客	전에 낙양서 꽃밭에 가 즐겼지,
野芳雖晩不須嗟	이 시골엔 꽃이 늦게 피어도, 꼭 한탄할 건 아니네.

學書	습자 공부[146]
學書不覺夜	습자 공부하느라 밤 된 줄 몰랐네.
但怪西窓暗	다만 서쪽 창 어두워짐이 괴이쩍었지.
病目固已昏	병든 눈 이미 어두워
墨不分濃淡	먹물 진하고 묽은 걸 분간 못해.
人生不自知	인생이란 스스로 모르는 것,
勞苦殊無憾	노력하고서도 유감스레 여기지 않네.
所得乃虛名	얻는 건 곧 헛된 명성,
榮華俄頃暫	영화란 갑작스레 왔다 가는 순간일 뿐.
豈止學書然	어찌 습자 공부만 그러하랴.
作銘聊自鑒	이를 좌우명으로 삼아 스스로 조심하리라.

146) 이 시는 吉川幸次郎, 『宋詩槪說』(東京: 岩波書店, 2007)에 들어 있다.

26. 王安石 (宋)

26. 왕안석 (1021–1086)

北陂杏花

一陂春水繞花身
身影妖嬈各占春
縱被春風吹作雪
絕勝南陌碾成塵

북쪽 둑에 핀 살구꽃

언덕의 봄 물, 살구꽃 핀 둑을 둘렀네,
꽃과 물위 그림자 화사하여라, 저마다 봄 독차지하네.
설사 봄바람에 불려 눈이 되더라도,
남쪽 길에 수레바퀴에 먼지투성이 됨보다 나으리라.

初夏卽事

石梁茅屋有彎碕
流水濺濺度兩陂
晴日暖風生麥氣
綠陰幽草勝花時

초하 즉사

돌다리, 초가 집, 굽이지는 물가,
두 둑 사이를 철철 흐르는 물,
맑은 날, 따스한 바람 보리 향기 일으키고,
녹음에 숨어 자라는 풀, 꽃보다 기꺼운 시절.

鍾山卽事

종산 즉사

澗水無聲繞竹流	시냇물 소리없이 대숲을 흘러 돌아가고,
竹西花草弄春柔	대 서쪽 화초 부드러운 봄날 즐기네.
茅檐相對坐終日	띠 처마와 종일토록 마주 앉으니,
一鳥不鳴山更幽	새 하나 아니 지저귀고, 산은 한결 더 고요해라.

江上

양자강에서

江北秋陰一半開	강 북쪽, 음산한 가을 하늘 반 열리고,
曉雲含雨却低回	새벽 구름은 빗물 품고 낮게 서성거리네.
青山繚繞疑無路	앞을 에워싼 청산, 물길은 어디로 벗어 나가는고.
忽見千帆隱映來	갑자기 보이는 건 수없이 출몰하며 오는 돛들.

27. 蘇軾 (宋) / 27. 소식 (1036-1101)

和子由踏靑 / 자유의 "답청"[147]에 화운하여

春風陌上驚微塵	봄바람 길에 가벼운 먼지 일으키고,
遊人初樂歲華新	놀이꾼들 봄 풍경 처음 즐기네.
人閑正好路傍飮	사람들은 참으로 한가로워 길가에서 마시기를 즐기고,
麥短未怕遊車輪	짧은 보리 아직 놀이 온 수레바퀴 두렵지 않네.
城中居人厭城郭	성내 사람들 둘러싼 성벽에 싫증 나,
喧闐曉出空四鄰	떠들썩 새벽에 들에 나와 거리를 온통 비웠네.
歌鼓驚山草木動	노래와 북 소리에 놀라는 산, 진동하는 초목,
簞瓢散野烏鳶馴	소쿠리 표주박 들에 흐트러지니 까마귀 솔개 내리네.
何人聚衆稱道人	군중이 모여 드는 저 사람은 누군

147) 자유는 소식의 아우인 소철(蘇轍)의 자. 그도 시인이어서, 두 형제는 많은 시를 서로 화운해 지었다. 답청은 푸름을 밟는다는 의미로 봄의 들놀이를 뜻하며, 자유가 쓴 시의 제목이다.

	고, 도인이라 불러,
遮道賣符色怒瞋	길 막아서서 부적 파는데, 성난 기색.
宜蠶使汝繭如甕	누에에 좋아, 고치가 물독처럼 커지고,
宜畜使汝羊如麕	가축에 좋아, 양이 고라니처럼 커져.
路人未必信此語	길가는 사람들 꼭 이런 말 믿지 않지만
强爲買服禳新春	마지못해 그걸 사들어, 새봄의 복 비네.
道人得錢徑沽酒	도인은 돈 받아 바로 술집에 가네,
醉倒自謂吾符神	취해 자빠져선 중얼거리니, 내 부적은 신통력이 있어.

出潁口初見淮山是日至壽州 / 영구를 나와 처음 회산을 보네, 이 날 수주에 이르네

我行日夜向江海	나는 밤낮 양자강과 바다 향해 가네.
楓葉蘆花秋興長	단풍잎 갈대꽃, 가을 흥취 끝없어.
平淮忽迷天遠近	판판한 회하[148], 갑자기 하늘의 원

148) 회하(淮河).

근 혼돈하고,

青山久與船低昻
청산은 오래 배와 같이 올랐다 내렸다.

壽州已見白石塔
수주의 백석탑이 이미 보였거늘

短棹未轉黃茅岡
배는 짧은 노로 아직도 노란 갈대 언덕을 돌지 못하네.

波平風軟望不到
고요한 물결, 부드러운 바람, 수주는 보이나 닿지 못해,

故人久立煙蒼茫
친구는 푸르스레한 안개 속에 오래 서 있겠네.

遊金山寺

금산사에 노닐다

我家江水初發源
내 집은 양자강 물 발원하는 곳,

宦遊直送江入海
관리 노릇은 나를 강이 바다에 들어가는 곳에 곧장 보냈네.

聞道潮頭一丈高
듣건대 이곳 조수가 열 자 높이라고,

天寒尙有沙痕在
추운 날씨에, 흔적 아직도 모래에 남았네.

中泠南畔石盤陁
중령천[149] 남쪽 두둑 좌선 돌

古來出沒隨濤波　　옛부터 파도 따라 출몰한다네.
試登絕頂望鄕國　　정상에 올라가 고향 지방을 바라다보니,
江南江北青山多　　강남 강북 청산이 첩첩.

羈愁畏晚尋歸楫　　나그네 서러움, 해질 걸 두려워 돌아갈 배 물으니
山僧苦留看落日　　산승이 굳이 낙조 보라고 만류하네.
微風萬頃靴文細　　미풍이 만경 수면에 정묘한 무늬 놓고,
斷霞半空魚尾赤　　조각 노을이 하늘 반에 빨간 물고기꼬리[150] 그리네.
是時江月初生魄　　이 순간 강 위에 달이 월백[151]을 드러내네,
二更月落天深黑　　이경에 달 지니 온 하늘이 진한 흑색.

江心似有炬火明　　강 중간 횃불 켠듯 밝고,

---

149) 샘의 이름.

150) 물고기는 몹시 피곤하면 꼬리가 빨갛게 된다는 옛말이 있다.

151) 음력 삼 일에 달의 어두운 부분이 지구의 반사광 작용으로 윤곽을 드러내는데, 그것을 달의 넋이라는 뜻으로 월백이라 부른다.

飛焰照山棲鳥驚	날리는 불꽃 산을 비쳐, 자는 새들 놀래네.
悵然歸臥心莫識	쓸쓸히 돌아와 잠자리에 들었지만 알 수 없는 일,
非鬼非人竟何物	귀신도 아니고, 사람도 아니라면, 무엇인고.
江山如此不歸山	강산은 이렇거늘, 나는 산에 돌아가지 않으니,
江神見怪驚我頑	강신이 기이한 현상을 보여 내 어리석음 일깨우네.
我謝江神豈得已	나는 강신에 용서를 비네. 왜 다 그만두지 못할꼬.
有田不歸如江水	밭 있으면 돌아가지 않을꼬, 강물이 바다에 가 듯이.

## 新城道中 (二首)	## 신성 가는 길 (2수)
其一	(1)
東風知我欲山行	동풍이 산에 가려는 내 뜻 알고,
吹斷簷間積雨聲	처마에서 장맛비 소리 불어 멈추었네.
嶺上晴雲披絮帽	산봉우리 흰 구름 솜 모자 쓰고,
樹頭初日挂銅鉦	나무 꼭대기에 아침 해, 놋쇠 징을 걸었네.
野桃含笑竹籬短	낮은 대울 건너 들 복숭아꽃 웃음 머금고,
溪柳自搖沙水淸	냇가 버드나무 흔들흔들, 모래 위엔 맑은 물 흘러.
西崦人家聽最樂	서쪽 산 인가에선 가장 즐거운 소리 들리겠네,
煮芹燒筍餉春耕	미나리 삶고, 죽순 구어라, 봄갈이 하는 밭에 보내야지.

舟中夜起

배에서 밤에 일어나니

微風蕭蕭吹菰蒲	미풍이 줄풀 부들풀에 솔솔 불어오네,
開門看雨月滿湖	비 보러 뱃문 여니 달빛 찬 호수.
舟人水鳥兩同夢	뱃사람, 물새, 다 같이 깊이 꿈속에 들었네,
大魚驚竄如奔狐	놀라 뛰어 숨는 큰 물고기, 달아나는 여우와도 같아.
夜深人物不相管	밤은 깊어 사람도 물고기도 서로 무관해,
我獨形影相嬉娛	나 홀로 그림자와 더불어 즐기네.
暗潮生渚弔寒蚓	검은 조수 물가에 오르니, 찬 물 쓴 지렁이 가엾어라.
落月挂柳看懸蛛	지는 달 버드나무에 걸리니, 드리운 거미가 보이네.
此生忽忽憂患裏	이 인생 바삐 우환 속에 보내니,
清境過眼能須臾	맑은 광경 눈앞을 지나면서, 잠시도 머무르지 못하네.
鷄鳴鐘動百鳥散	닭 울고, 종 울리니, 수없는 새들 흩어져 날고,

船頭擊鼓還相呼	뱃머리에서 북 두드리니, 고함치는 소리 오가네.

御史臺榆槐竹柏(四首) / 어사대[152]의 느릅나무, 느티나무, 대나무, 잣나무 (4수)

其三 竹	(3) 대나무
今日南風來	오늘 남풍이 불어 와,
吹亂庭前竹	뜰 앞 대나무 숲 어지럽히네.
低昂中音會	높고 낮은 소리, 장단 맞추며,
甲刄紛相觸	갑옷과 칼 들이닥쳐 서로 부딪치네.
蕭然風雪意	스산한 눈바람의 뜻
可折不可辱	대를 꺾을지언정 치욕 주지 못하리라.
雪霽竹已回	눈이 개자, 대는 벌써 도루 일어서,
猗猗散青玉	청옥을 아름답게 두루 뿌리네.
故山今何有	고향 산은 어떤고,

152) 소식은 44세 때 (1079년) 호주지사(湖州知事)로 있다가 조정 비방의 죄과로 체포되어 어사대의 옥에 갇힌다. 다음 시는 그 옥에서 쓴 것이다.

秋雨荒籬菊　가을 비 울의 국화 어지럽히겠네.
此君知健否　그대 성한지 알고 싶어라,
歸掃南軒緣　집에 돌아가면 남쪽 푸른 뜰 깨끗이 쓸리라.

十二月二十八日蒙恩責授檢校水部員外郞黃州團練副使復用前韻 (二首)
12월 28일 은사를 받아 검교수부원외랑, 황주단련부사의 직책을 맡다.[153] 다시 앞의 시에 화운하여 (2수)

其一　(1)

百日歸期恰及春　백 날 형기 끝나니 마치 봄이 온 듯,
餘年樂事最關身　나머지 세월 어떻게 즐길지 첫째 관심사.
出門便旋風吹面　옥문 나와 배회하는데, 바람이 얼굴을 스치네,
走馬聯翩鵲啅人　말 타고 이어 내달리니, 까치들 지

153) 이 직책은 명목 상의 것. 검교수부원외랑이란 공부(工部)의 직. 이 임명을 받고, 소식은 황주로 간다.

	껄이네.
却對酒杯渾似夢	술잔 마주 앉으니, 다 꿈같구나,
試拈詩筆已如神	시 쓰려 붓 잡으니 벌써 신들린 듯,
此災何必深追咎	이 재앙 허물 꼭 깊이 추궁해야 할꼬.
竊祿從來豈有因	종래 녹을 훔쳐 왔으니, 무슨 원인이 따로 있을꼬.

其二	(2)
平生文字爲吾累	평생 글이 내게 괴로움 가져왔지,
此去聲名不厭低	이걸 떠나 명성 떨어질 걸 꺼리지 않으리라.
塞上縱歸他日馬	변경 밖에 간 말이 혹 후일 돌아오더라도,[154]
城東不鬪少年鷄	성동에서 아이들 투계[155]에는 참가하지 않으리라.

---

154) 『회남자』(淮南子)에 변경의 한 노인이 말 한 마리 잃은 이야기가 들어 있다. 변경을 넘어간 말이 후일 북방의 명마를 데리고 돌아온다. 불행이 행운을 가져올 수 있다는 뜻.

155) 당대(唐代)의 전기소설 『동성노부전』(東城老夫傳)에 일곱 살 먹은 소년이 투계 사육에 능해 오백소아장(五百小兒長)에 임명된다는 이야기가 있다. 소식은 이 이야기를 들어 관계의 벼슬 다툼을 말한다.

休官彭澤貧無酒	도연명은 팽택에서 벼슬 내놓아 가난해 술이 없었지,
隱几維摩病有妻	책상에 기댄 유마거사는 병들어도 마누라 있었다지.[156]
堪笑睢陽老從事	웃어버릴 이야기, 수양 노종사[157]
爲余投檄向江西	나 위해 격문 보내, 강서로 갔네.[158]

梅花 (二首) / 매화 (2수)

其一 / (1)

春來幽谷水潺潺	봄이 오니 으슥한 골짜기에 시냇물 졸졸 흐르고,
的皪梅花草棘間	산뜻한 매화꽃이 풀과 가시나무 사이에 피었네.
一夜東風吹石裂	밤새 동풍이 바위 부시도록 불어,
半隨飛雪度關山	산길 반을 나는 눈[159] 따라 관산

156) 유마거사(維摩居士)는 석가의 재가 제자.

157) 소식의 아우 자유(子由)를 가리킨다.

158) 이 시 끝에 다음과 같은 주를 단다. "자유는 내가 옥에 갇힘을 듣고, 자기 관직으로 내 죄 씻기를 빌어, 결국 균주감주(筠州監酒)로 좌천당한다."

님었네.

其二 (2)

何人把酒慰深幽 누가 술 들고 이 깊숙한 곳에 매화꽃 즐기러 올꼬,

開自無聊落更愁 피어선 하릴없이 지내고 떨어져 가니 더욱 가엾어라.

幸有淸溪三百曲 다행히 맑은 시내 삼백 굽이 돌아 내려가니

不辭相送到黃州 나를 황주까지 보내 줌을 사양하지 않겠네.

東坡 (八首) 幷敍 동파 (8수) 아울러 서문[160]

余至黃二年, 日以困匱, 내가 황주에 온지 이 년, 날로 가난에 생활고가 더해 갔다.

---

159) 곧 매화.

160) 소식은 어사대에서 출옥한 후, 황주(黃州)로 귀양 간다. 이듬해 (1081년) 동쪽 언덕에 밭을 갈며, 언덕을 동파라 이름한다. 그 후 호로 동파거사(東坡居士)라 한다.

故人馬正卿哀予乏食,	벗 마정경이 내 먹을 것이 넉넉치 못함을 가엾게 여기고,
爲於郡中請故營地數十畝,	나를 위해 군내의 옛 병영 땅 수 십 묘를 군에 청해,
使得躬耕其中,	내가 거기서 농사할 수 있도록 하였다.
地旣久荒, 爲茨棘瓦礫之場,	그 땅이 오랜 동안 버려두어서 거칠어, 가시덤불, 자갈, 깨진 기왓장 마당이 되어 있었다.
而歲又大旱,	또 올해는 심히 가물어,
墾闢之勞, 筋力殆盡,	땅을 파서 일구는데 내 근력을 거의 다 써버렸다.
釋耒而歎, 乃作是詩, 自愍其勤,	괭이를 놓고 탄식하며, 이 시를 써, 그 노고를 스스로 위로한다.
庶幾來歲之入, 以忘其勞焉	내년의 수확으로 이 노고를 잊기를 바란다.

其一 (1)

廢壘無人顧	황폐한 보루 아무도 돌보지 않아,

頹垣滿蓬蒿	허무러진 담 쑥대에 덮였네.
誰能捐筋力	누가 헛되이 근력을 버리랴,
歲晩不償勞	세말에 노력의 보상 없겠네.
獨有孤旅人	홀로 길 가는 외로운 나그네 있으니,
天窮無所逃	하늘이 다해도, 빠져나갈 곳 없어,
端來拾瓦礫	잠자코 이곳에 와, 기왓장 자갈을 줍네.
歲旱土不膏	이 해 가물어, 땅이 메말랐네.
崎嶇草棘中	기구한 가시덤불 속에서
欲刮一寸毛	한 치 잎줄기 긁어내려 하네.
喟焉釋耒歎	깊은 한숨 내쉬며 괭이 던지네,
我廩何時高	내 쌀광은 언제나 높아질꼬.

其二　(2)

荒田雖浪莽	황폐한 밭에 풀이 제멋대로 자라지만,
高庳各有適	높고 낮은 데에 각각 알맞은 것 있네.
下濕種秔稌	낮고 습한 데에는 메벼와 찰벼 심고,
東原蒔棗栗	동쪽 언덕에는 대추와 밤나무 심네.

江南有蜀士	강남에 촉 지방 사람이 살아,
桑果已許乞	벌써 뽕나무 열매 주겠다고 승낙하네.
好竹不難栽	내 좋아하는 대는 가꾸기 어렵지 않지만,
但恐鞭橫逸	그 뿌리 아무데고 뻗치는 것이 두렵네.
仍須卜佳處	조만간 꼭 좋은 집 터 택하여,
規以安我室	설계해 내 집을 세우리라.
家童燒枯草	머슴아이 마른 풀 태우다가
走報暗井出	뛰어와서 숨은 우물을 찾았다고 보고하네.
一飽未敢期	아직 배불리 먹을 한 끼 밥 감히 기대 못하지만,
瓢飲已可必	마실 물 한 표주박 벌써 마련했네.

其三　(3)

自昔有微泉	옛적부터 작은 샘이
來從遠嶺背	먼 산등성에서 내려오네.
穿城過聚落	성벽 뚫고, 마을 지나 내려오니,

流惡壯蓬艾　　오염되어 쑥대를 무성케 하네.
去爲柯氏陂　　나중에는 가씨의 못이 되어,
十畝魚蝦會　　열 묘 되는 그 물에 고기 가재가 모여드네.
歲旱泉亦竭　　이 해 가물어 샘물도 말라 버려,
枯萍粘破塊　　마른 마름풀이 튼 못 바닥에 붙었네.
昨夜南山雲　　간밤 남산에 구름 끼더니,
雨到一犂外　　비 쏟아져 땅에 물이 괭이 깊이 넘어 스며들었네.
泫然尋故瀆　　철철 물 흘러 옛 도랑 찾았으니,
知我理荒薈　　내가 잡초며 덤불 없앰을 알았네.
泥芹有宿根　　진흙 속에 옛 미나리 뿌리,
一寸嗟獨在　　한 치 가량, 아, 혼자 남았네.
雪芽何時動　　언제 저것이 백설 같은 싹을 내밀꼬.
春鳩行可膾　　봄 비둘기에 미나리 싹 회 만들 수 있을지.[161]

161) 이 시 끝에 다음 주가 있다. "촉(蜀) 사람들은 미나리 싹 회를 귀히 여긴다. 비둘기 고기를 섞어 회를 만든다."

其四　　(4)

種稻淸明前	청명 앞서 벼를 심고,
樂事我能數	올 기쁨을 헤아려 보네.
毛空暗春澤	이슬비 내려 어둑한 봄 늪,
鍼水聞好語	물에 솟는 바늘[162], 기뻐하는 말 소리 들리네.
分秧及初夏	모 가르니, 이른 여름,
漸喜風葉擧	바람이 잎을 들썩이니, 더욱 더 기뻐라.
月明看露上	밝은 달에 비치는 이슬방울,
一一珠垂縷	구슬이 줄줄 달렸네.
秋來霜穗重	가을이 오니, 서리 내린 이삭 무거워져,
顚倒相撐拄	엎치락뒤치락 서로 떠받치네.
但聞畦壟間	다만 밭두둑 사이에서 들려오는
蚱蜢如風雨	메뚜기 떼, 비바람 같이 나는 소리.
新舂便入甑	햅쌀이 절구에서 나오자 시루에 들어가니,
玉粒照筐筥	알알이 옥, 광주리 빛내네.

162) 물속에서 자라 내미는 볏모를 가리킨다.

我久食官倉	나는 오래 관창 쌀 먹었는데,
紅腐等泥土	그건 불그스레 썩어 흙 맛 같네.
行當知此味	두고두고 이 새 쌀 맛 알겠네,
口腹吾已許	나는 입과 배에 벌써 그걸 약속하네.

其五 (5)

良農惜地力	슬기로운 농부는 지력을 아끼는데,
幸此十年荒	다행히 이 땅 십 년 놓아두었었네.
桑柘未及成	뽕나무 아직도 다 안 자라고,
一麥庶可望	보리만 거의 바랄 수 있겠네.
投種未逾月	씨 뿌린 지 한 달도 안 지났는데
覆塊已蒼蒼	덮은 흙덩어리 파릇파릇해.
農父告我言	늙은 농부 내게 말하기를
勿使苗葉昌	싹잎은 너무 자라게 하지 말아요,
君欲富餅餌	떡을 마음껏 먹으려면
要須縱牛羊	반드시 소나 양을 밭에 놓아두어요.
再拜謝苦言	거듭 허리 굽혀 친절한 충고에 감사하네,
得飽不敢忘	배부르면 그의 말을 잊지 않으려네.

寒食雨 (二首) / 한식에 비내리네 (2수)

其一	(1)
自我來黃州	황주 온 후
已過三寒食	벌써 한식이 세 번 지나가네.
年年欲惜春	해마다 봄 즐기려 하나,
春去不容惜	봄은 허락치 않고 가버려.
今年又苦雨	올해도 또 짓궂은 비,
兩月秋蕭瑟	두 달 동안 쓸쓸한 가을 날씨.
臥聞海棠花	누워서 해당화 듣네,
泥污燕脂雪	진흙에 더럽혀지는 연짓빛 눈.
暗中偷負去	어둠 속에 봄을 훔쳐 걸머지고 가는
夜半眞有力	한밤의 역사.[163]
何殊病少年	어찌 병상의 소년과 다르랴.
病起頭已白	앓다 일어나니 벌써 백발이 되었네.

163) 『장자』, 대종사편(大宗師篇)에 다음과 같은 구절이 나온다. "배를 골짜기에 감추고, 산을 못에 감추고는 든든하다고 생각한다. 하지만 한밤에 힘 장한 자가 와서 걸머지고 간다."

白興國往筠宿石田驛南二十五里野人舍

흥국에서 균주 가는 길에 석전역 남쪽 농가에 묵네

溪上青山三百疊	시냇물 따라 삼백 겹의 청산
快馬輕衫來一抹	가벼운 적삼에 날쌘 말 타고 단숨에 오르네.
倚山修竹有人家	언덕에 기대어 높이 자란 대숲, 인가 하나,
橫道清泉知我渴	길 옆에 흐르는 맑은 샘물, 내 목마름 알아주네.
芒鞋竹杖自輕軟	가벼운 짚신, 나긋한 죽장,
蒲薦松床亦香滑	부들 돗자리, 솔 침상 역시 향긋하고 반반하네.
夜深風露滿中庭	깊은 밤, 바람 이슬 안 마당에 찼는데,
惟見孤螢自開闔	다만 보이는 건 날아가는 반딧불, 혼자 켰다 껐다 하네.

## 海市 并敍	## 신기루[164] 아울러 서문
予聞登州海市舊矣,	내가 등주의 신기루에 대해 들은 지 오래된다.
父老云 常出於春夏,	고을의 노인이 말하기를, 항상 봄여름에 생기는데,
今歲晩, 不復見矣,	올해는 늦어서 지금 보지 못한다고
予到官五日而去,	내가 이 곳에 온 지 닷새, 또 떠나게 되니,
以不見爲恨,	그걸 못 보는 것이 한스러워,
禱於海神廣德王之廟,	해신 광덕왕의 묘에서 기도 올렸더니,
明日見焉 乃作此詩	그 다음 날 신기루가 나타났다. 그리하여 이 시를 쓴다.

東方雲海空復空	동방은 구름과 바다, 공허하고 공허해라,
羣仙出沒空明中	선인들 무리지어 뿌연 광명 속에 출몰한다네.

164) 소식은 철종(哲宗) 즉위 후 (1085년), 등주의 지사로 임명된다.

蕩搖浮世生萬象 쉴새없이 동요하는 이 뜬 세상, 천만 현상을 낳는데,
豈有貝闕藏珠宮 어찌 자개 다락문 선 진주 궁궐이란 있으랴.

心知所見皆幻影 마음이 눈에 보이는 건 다 허깨비임을 아나,
敢以耳目煩神工 감히 이목 위해 신의 작업을 번거로이 하네.
歲寒水冷天地閉 추운 계절, 물 차고 온 천지 닫혔지만,
爲我起蟄鞭魚龍 제발 나 위해 어룡을 채찍질해 동면에서 깨워 주소서.
重樓翠阜出霜曉 서리 내린 새벽에 고층 누각, 푸른 언덕이 드러나니,
異事驚倒百歲翁 이 기이한 현상 백 살 노인 놀랠 일.

人間所得容力取 인간이 얻는 건 힘으로 취하는 것,
世外無物誰爲雄 세상밖엔 얻을 물건 없어, 누가 힘쓸꼬.
率然有請不我拒 내가 경솔히 신에 청했으나 거절

	당하지 않았지,
信我人厄非天窮	실로 내 불운은 사람의 액, 하늘이 준 화가 아니네.
潮陽太守南遷歸	조양 태수[165] 남쪽에 귀양 갔다 돌아오는 길에
喜見石廩堆祝融	석름과 축융[166]이 우뚝 솟음을 보고 기뻐했네.
自言正直動山鬼	혼잣말하기를 내 정직함이 산신령을 동했네 라고,
豈知造物哀龍鍾	어찌 조물주 그의 쇠약한 모습 가엾게 여김을 몰랐는고.
信眉一笑豈易得	눈썹 펴 웃을 일. 어찌 그런 일이 그리 쉬우랴.
神之報汝亦已豐	그대[167] 청을 들어 준 신은 오히려 너그러웠네.
斜陽萬里孤鳥沒	사양 만리, 외로운 새 그 속에 꺼지네,
但見碧海磨青銅	오직 보이는 건 푸른 바다, 곱게

165) 한유(韓愈)를 가리킨다.

166) 둘 다 형산(衡山)의 고봉.

167) 소식 자신을 가리킨다고 해석해 본다.

	닦은 청동.
新詩綺語亦安用	새 시, 고운 어귀, 또 무슨 소용이 있을꼬,
相與變滅隨東風	동풍 따라 다 사라져 버리는 것.

又書王晉卿畫 (四首) 왕진경의 그림에 또 쓰다 (4수)

其四 西塞風雨	(4) 서새의 비바람

斜風細雨到來時	비껴 부는 바람에 이슬비 내릴 때,
我本無家何處歸	원래 집 없는 나 어디로 돌아갈꼬.
仰看雲天眞蒻笠	우러러보니, 구름 뜬 하늘은 참으로 우비,
旋收江海入蓑衣	당장에 강과 바다 이 도롱이 아래 집어넣지.

慈湖夾阻風 (五首) 자호협에서 바람에 배가 지체되네 (5수)[168)]

其二 (2)

此生歸路愈茫然 이 생에 고향 가는 길 점점 더 아득해지네,
無數青山水拍天 무수한 청산, 물은 하늘에 닿고.
猶有小船來賣餅 그래도 작은 배 떡 팔러 오네,
喜聞墟落在山前 기쁘라 산 앞에 작은 마을 있다니.

和陶歸園田居 (六首) 并引 도연명의 "전원에 돌아오네"에 화운하여 (6수)[169)] 아울러 서문

三月四日, 遊白水山佛跡巖, 삼월 사일 백수산 불적암에서 노닐고,
沐欲于湯泉, 晞髮于懸瀑之下, 온천에서 목욕하고, 폭포 아래

168) 소식은 1094년에, 조정을 비방했다는 죄과로 영주(英州)에 귀양 간다. 이 시는 그리로 가는 도중의 작품이다.

169) 소식은 1095년 영주에 가는 도중, 유배지가 광동지방의 혜주(惠州)로 바뀌어져, 그리로 가게 된다. 이 시는 혜주에서 쓴 작품이다.

서 머리를 해에 말리고,

浩歌而歸,
소리 높이 노래하며 돌아온다.

肩輿却行, 以與客言,
가마 타고 오며, 동반자와 말하느라고

不覺知荔支浦上,
모르는 사이에 여지포에 다다른다.

晩日葱曨, 竹陰蕭然,
저녁 빛이 어스레한데 대숲이 쓸쓸하고,

荔子纍纍如芡實矣,
여지 알이 가시연 열매처럼 졸졸 달려 있다.

有父老, 年八十五, 指以告余曰,
여든 다섯 되는 노인이 그걸 가리키면서 내게 말하기를,

及是可食, 公能携酒來遊乎,
"이걸 먹을 때가 되면, 술을 들고 오실 수 있겠소" 한다.

意欣然許之,
흔쾌히 승락한다.

歸臥既覺,
집에 돌아와 누웠다 깨니,

聞兒子過誦淵明歸園田居詩六首,
아들아이 과[170]가 도연명의 시 "전원에 돌아오네" 여섯 수를 외는 것이 들린다.

乃悉和其韻,
곧 그 운에 맞추어 시를 지었다.

始余在廣陵, 和淵明飮酒二十首,
원래 내가 광능에 있을 때 도연

---

170) 소식의 셋째 아들.

	명의 "술을 마시네" 20수에 화운한 바 있다.
今復爲此,	지금 또 화운하였는데,
要當盡和其詩, 乃已耳	장차 그의 시 전부에 꼭 화운하리라.

其二 (2)

窮猿旣投林	궁경 벗어나 숲에 돌아온 원숭이,
疲馬初解鞅	처음 굴레 벗은 지친 말.
心空飽新得	마음 비어 새 기쁨 넘치니,
境熟夢餘想	눈익은 풍경 꿈속에 나타나네.
江鷗稍馴集	강가 갈매기도 낯익어 조금씩 가까이 모여들고,
蜑叟已還往	단[171] 노인도 벌써 다녀가곤 하네.
南池綠錢生	남쪽 못에 초록 연꽃이 나고,
北嶺紫筍長	북쪽 언덕에 자줏빛 죽순이 자라네.
提壺豈解飮	제호[172]가 어찌 술 맛을 알꼬,

171) 단은 남방 오랑캐라는 뜻으로 옛적에 광동(廣東), 복건(福建) 등지 원주민을 가리켰다.

172) 제호는 사다새. 그 우는 소리가 마치 "술병 들고 오라"는 것처럼 들려서 제호라고 불린다고 한다.

好語時見廣	이 우스운 이름이 때로 나를 즐기네.
春江有佳句	봄의 강, 좋은 글귀 머리에 떠오르더니,
我醉墮渺茫	취중에 광막한 강 속에 떨어뜨렸네.

謫居三適 (三首) — 귀양살이의 세 즐거움[173] (3수)

其一 旦起理髮	(1) 아침에 일어나 머리 빗는 즐거움
安眠海自運	고요한 잠, 바다[174]에서 기운이 저절로 일어
浩浩潮黃宮	거침없이 황궁[175]에 다다르네.
日出露未晞	해돋이, 이슬은 아직도 마르지 않은 채
鬱鬱濛霜松	서리내린 솔숲은 어스름.
老櫛從我久	늙은 빗 나 따른지 여러 해,
齒疎含清風	빗살이 엉성해 청풍이 들었네.

---

173) 소식은 혜주에 갔다가, 다시 명을 받아 해남도(海南島) 담주(儋州)로 아들 과(過)를 데리고 간다. 이 시는 1097년에 담주에서 쓴 작품.

174) 바다는 단전(丹田)을 가리킨다. 도가(道家)에서 쓰는 표현.

175) 황궁은 뇌 꼭대기, 역시 도가의 표현.

一洗耳目明	세수하니 귀와 눈이 밝아지고
習習萬竅通	몸의 온 털구멍 시원스레 트이누나.
少年苦嗜睡	젊은 시절은 잠꾸러기어서
朝謁常忽忽	아침 조정 예식에 늘 총총한 걸음.
爬搔未云足	머리 긁음이 족하다 하랴.
已困冠巾重	이미 관모 무게에 억눌린 몸.
何異服轅馬	멍에 걸머진 말과 얼마나 다르랴.
沙塵滿風騷	모래 먼지 들어찬 갈기를 바람에 날리며
琱鞍響珂月	장식된 안장에 초생달 재갈을 울리되
實與杻械同	실은 수갑 참과 같네.
解放不可期	해방 기대할 수 없으리라,
枯柳豈易逢	마른 버들가지[176]란 어디 구하기 쉬우랴.
誰能書此樂	누가 이 즐거움을 글로 써서
獻與腰金公	금띠 두른 나릿님들께 올려 바치지 않는고.

176) 가려운 데를 긁기 위한 버들가지.

其二 午窻坐睡	(2) 창가에서 낮잠 자는 즐거움
蒲團盤兩膝	부들 풀 방석에 책상다리하고
竹几閣雙肘	대나무 안석에 팔꿈치 놓네.
此間道路熟	이 자세에 익숙해지니
徑到無何有	바로 무하유[177]에 드네.
身心兩不見	심신 둘 다 안 보이고
息息安且久	숨쉼이 하나하나 길고 고요해.
睡蛇本亦無	잠 속의 뱀이란 본래 없는 것,
何用鉤與手	무엇 때문에 갈고랑이며 손을 쓰겠나.
神凝疑夜禪	정신 집중되니 야밤 참선의 경지,
體適劇卯酒	신체 흐뭇하니 해장술보다 효력나네.
我生有定數	내 생명 한이 있는 것,
祿盡空餘壽	녹이 끊어지고, 남은 세월 덧없이 보내네.
枯楊不飛花	마른 버들은 꽃 날리지 않지만
膏澤回衰朽	잠 혜택은 기운 회복시켜 노쇠를 잊게 해.

---

177) 곧 장자의 무하유지향(無何有之鄉). p. 164 (주 131) 참조.

謂我此爲覺	내가 깨달았다고 하는가,
物至了不受	사물이 내게 미쳐도 동함이 없네.
謂我今方夢	지금 내가 꿈꾸고 있다고 하는가,
此心初不垢	이 마음 애초부터 무구한 것.
非夢亦非覺	꿈도 아니요 깸도 아니라.
請問希夷叟	희이옹[178]에게 물어볼지어다.

其三 夜臥濯足 (3) 밤에 발 씻는 즐거움

長安大雪年	장안에 큰 눈이 온 해
東薪抱衾裯	주민들 섶나무 묶음에 홑이불 껴안고 지냈다고.
雲安市無井	운안에서는 시내 우물이 말라
斗水寬百憂	한 동이 물에 백 가지 걱정 잊었다고.
今我逃空谷	나는 지금 인적 없는 골짜기에 피해 와 있으니,
孤城嘯鵂鶹	외딴 산성에서 부엉이 우는 소리.
得米如得珠	쌀 구하기 진주 구하기와 같으니,

178) 희이옹은 오대송초(五代宋初)의 은자, 진박(陳摶). 선술(仙術)을 닦았다고 한다.

食菜不敢留	나물도 먹다 남기지 않는 형편.
況有松風聲	그런데 이건 무슨 송풍 소리인가,
釜鬲鳴飀飀	솥에서 끓는 물소리.
瓦盎深及膝	질그릇 깊어 물이 무릎까지 오네.
時復冷暖投	때때로 찬 물 더운 물 끼얹어.
明燈一爪剪	등불 밝혀 발톱 깎고 나니
快若鷹辭韝	상쾌함이 팔찌 떠나 날아오르는 매와 같구나.
天低瘴雲重	이 지방은 하늘이 낮아 독기 낀 구름이 무겁고
地薄海氣浮	지층이 엷어, 바다 기운이 떠오르네.
土無重腿藥	이 곳엔 발에 종기 나면 약이 없어
獨以薪水瘳	혼자 불에 덥힌 물로 치료한다고.
誰能更包裹	더구나 누가 내 발 싸매 주랴,
冠履裝沐猴	관모 쓰고 신발 신은 원숭이 되겠네.

倦夜　　잠 안 오는 밤

倦枕厭長夜	잠 안 오는 베개, 지루한 밤,

小窻終未明	작은 창은 종내 밝아오지 않네.
孤村一犬吠	외로운 마을, 개 한 마리 짖고,
殘月幾人行	지새는 달, 사람들이 지나가는고.
衰鬢久已白	성긴 귀밑머리 희어진지 이미 오래,
旅懷空自淸	나그네 마음 비어, 절로 맑네.
荒園有絡緯	거친 밭에 우는 귀뚜라미,
虛織竟何成	헛 놀리는 베틀[179], 무얼 짜 낼꼬.

雨夜宿淨行院 / 비오는 밤에 정행원에서 묵네

芒鞵不踏利名場	짚신은 명리의 마당을 밟지 않는 것,
一葉輕舟寄淼茫	작은 배 한 잎, 광막한 물에 떴네.
林下對牀聽夜雨	숲 속, 불자 옆에 누워 듣는 밤 비,
靜無燈火照淒涼	고요해라, 이 처량함을 비출 등불도 없네.

179) 귀뚜라미 우는 소리.

藤州江上夜起對月贈邵道士 (一首)	등주 강가, 밤에 일어나 달을 보네, 소도사에게 드리네[180] (1수)
江月照我心	강의 달이 내 마음 비추고,
江水洗我肝	강의 물이 내 간[181]을 씻네.
端如徑寸珠	꼭 한 치 지름의 구슬 같아,
墮此白玉盤	강에 떨어진 백옥 쟁반.
我心本如此	내 마음 본래 이와 같은 것,
月滿江不湍	둥근 달, 잔잔한 강.
起舞者誰歟	일어나 춤추는 건 누군고,
莫作三人看	셋이 본다고 하지 마라.[182]
嶠南瘴毒地	교남[183]은 학질의 독기 퍼지는 곳,
有此江月寒	여기도 강의 달이 춥네.
乃知天壤間	그러니 알지어다, 하늘과 땅 사이에
何人不淸安	누가 깨끗하고, 편안하지 않으랴.
床頭有白酒	머리맡에 흰 술이 있어,

180) 1100년 7월에 소식의 유배지가 해남도에서 광서(廣西) 지방의 염주(廉州)로 옮긴다. 그러나 8월에 다시 영주(永州) 안치(安置)의 명을 받는다. 아마 그는 염주에서 영주로 가는 길에 등주에 들렀으리라. 이 해 11월에 소식은 비로소 거주지의 자유를 허락 받는다. 그 때 나이 65세.

181) 옛적에 간을 감정의 기관으로 여겼다. 앞줄의 마음(心)과 대조되는 표현.

182) 이백(李白)의 시 "月下獨酌"("달 아래 혼자 마시네")에 다음 두 줄이 들어 있다. "잔을 들어 명월을 맞으니,/ 내 그림자와 함께 셋이 되네."

183) 광동, 광서 지방을 가리킨다.

盎若白露溥	병에 차 넘어 흰 이슬 맺힌 듯.
獨醉還獨醒	혼자 취하고, 혼자 깰꼬,
夜氣淸漫漫	맑은 밤기운이 사방에 서렸네.
仍呼邵道士	소도사 불러내어,
取琴月下彈	거문고 잡아 달 아래서 타며,
相將乘一葉	함께 한 조각 배타고
夜下蒼梧灘	이 밤에 창오탄까지 내려가려나.

28. 陸游 (宋)　28. 육유 (1125-1209)

遊山西村　산 서쪽 마을에 노니네[184]

莫笑農家臘酒渾	농가의 섣달 술이 흐리다고 웃지 마라,
豐年留客足鷄豚	풍년에 닭 돼지, 손님 맞아 묵게 하기 족해.
山重水複疑無路	중첩한 산, 섞갈린 개울, 길 어딘가,
柳暗花明又一村	어스름한 버드나무 숲, 밝은 꽃밭, 또 마을.
簫鼓追隨春社近	퉁소와 북 서로 쫓고 따르니, 춘사[185] 날 다가오네,
衣冠簡朴古風存	간소한 옷차림, 옛 풍속 남았네.
從今若許閑乘月	금후 만일 한가할 제 달빛 타고 올 걸 허하면

184) 43세 때의 작품. 당시 송(宋)은 북방 여진족(女眞族)의 김(金)나라의 침범으로 말미암아 큰 위기에 당면하는데, 육유는 항전파를 지지한 탓으로 융흥(隆興) 통판(通判)의 직을 잃고 고향에 돌아와 3년간을 보낸다. 그는 말하자면 우국지사로 평생을 지낸다. 동시에 농민과 전원생활에 대한 그의 애정은 아래 여러 시에서 엿볼 수 있을 것이다.

185) 춘사는 중춘에 토신에게 농사 잘 되도록 비는 제사를 가리킨다.

拄杖無時夜叩門	지팡이 짚고 언제나 야밤에 문을 두드리겠네.

岳池農家	**악지의 농가**
春深農家耕未足	늦은 봄, 이 농가 아직 밭 갈이 끝나지 않았네,
原頭叱叱兩黃犢	밭에서 소 모는 소리, 누런 송아지 두 마리.
泥融無塊水初渾	녹은 땅, 흙덩어리 다 풀려, 흐린 물 고이기 시작하네,
雨細有痕秧正綠	이슬비 내리니, 볏모 참으로 초록 빛.
綠秧分時風日美	파란 모 나눌 때는 아름다운 풍경,
時平未有差科起	때 평화로워, 아직 부역 없네.
買花西舍喜成婚	꽃 사서 서쪽 집 혼사 기꺼이 맞이하고,
持酒東鄰賀生子	술 갖고 동쪽 이웃에 난 아이 축하하네.
誰言農家不入時	누가 농가는 유행에 뒤떨어진다고 하는고,

小姑畵得城中眉	이 집 처녀는 읍내 모양 눈썹 그리네.
一雙素手無人識	처녀의 하얀 손 알아주는 사람 없지만,
空村相喚看繅絲	다들 서로 불러 마을 비우고 그 아이 고치실 뽑는 걸 보러 가네.
農家農家樂復樂	농가, 농가, 즐겁고도 즐거워라.
不比市朝爭奪惡	쟁탈하는 도시의 악습 못 비하네.
宦遊所得眞幾何	벼슬 좇아 떠돌아 다녀서, 얻은 것 얼마나 되는고.
我已三年廢東作	내 봄갈이 안 한 지도 벌써 삼 년.

曉坐 / 새벽에 앉네

低枕孤衾夜氣存	낮은 베개, 혼자 덮은 이불, 머뭇거리는 밤기운,
披衣起坐默忘言	일어나 옷 뒤집어 쓰고 앉으니, 잠자코 말을 잊었네.
缾花力盡無風墮	화병에 든 꽃 힘 잃어 바람 없이 떨어지는데,

爐火灰深到曉溫	화롯불 재 깊어 새벽까지 따뜻해.
空橐時時聞鼠齧	빈 옷장에서 이따금 들려 오는 쥐 갉는 소리,
小窗一一送鴉翻	작은 창으로 날아가는 갈까마귀 하나하나 보내주네.
悠然忽記幽居日	불현듯 유거하던 날이 아득히 생각나는구나,
下榻先開水際門	평상 내려 벗 맞고는 먼저 물가 문을 열어 놓곤 했지.

小園 (四首) / 작은 밭 (4수)

其一 / (1)

小園煙草接鄰家	작은 밭, 안개 낀 풀숲이 이웃집에 닿고,
桑柘陰陰一徑斜	우거진 뽕나무 오솔길 비스듬히 나가네.
臥讀陶詩未終卷	누워 도연명의 시 읽다가 끝내기 전에

又乘微雨去鋤瓜	또 이슬비 내리니, 오이밭에 나가 괭이질 하네.
其三	(3)
村南村北鵓鴣聲	마을 남쪽, 마을 북쪽, 비둘기 소리,
水刺新秧慢慢平	새 볏모 내미는 논, 물 한없이 평평해라.
行遍天涯千萬里	하늘 끝까지 천만 리 돌아다니고,
却從鄰父學春耕	돌아와 이웃 노인에게 봄갈이 배우네.

舟過樊江憩民家具食 / 배로 번강을 지나 민가에서 쉬며 음식 대접 받네

旅食何妨美蕨薇	여로의 식사, 고사리 고비 즐김을 무엇이 막을꼬,
夕陽來叩野人扉	석양에 농가 문 두드리네.
蕭蕭短鬢秋初冷	쓸쓸해라 내 짧은 살쩍, 이른 가을 서늘하고,

寂寂空村歲薦饑 적적해라 빈 마을, 해마다 굶주리네.

蓼岸刺船驚雁起 여뀌 자란 물가에 배 밀어 대니 놀라 날아오르는 기러기.

煙陂吹笛喚牛歸 안개 낀 늪에선 피리 소리, 돌아오라고 소 부르네.

詩情剩向窮途得 어려운 살림 보고 시정이 넘쳐 솟는구나,

蹭蹬人間未必非 어정거리는 인생 반드시 잘못이 아니네.

蔬園絶句 (七首) 채소 밭 (7수)

其二 (2)

百錢新買綠蓑衣 백 전 주고 새로 산 초록빛 도롱이,

不羨黃金帶十圍 열 번 허리 도는 황금 띠 부럽지 않네.

枯柳坡頭風雨急 마른 버드나무 선 둑에 비바람이 쏟아지네.

憑誰畫我荷鉏歸 누구에게 부탁해 괭이 지고 오는

나를 그려 보려나.

移花遇小雨喜甚爲賦二十字
꽃 이식한 뒤 가랑비 내려, 매우 기뻐 스무 자 읊네.

獨坐閑無事	하는 일 없이 한가로이 혼자 앉아,
燒香賦小詩	향 태우고, 짧은 시 읊네.
可憐淸夜雨	귀여워라 이 맑은 밤 비,
及此種花時	바로 꽃 심고 난 뒤에 내리네.

泛湖至東涇 (三首)
호수에 배 띄워 동경에 이르네 (3수)

春水六七里	봄 날, 물길 육 칠 리,
夕陽三四家	석양, 서너 집.
兒童牧鵝鴨	아이들은 거위 오리 치고,
婦女治桑麻	부녀는 삼과 뽕나무 보살피네.
地僻衣巾古	이 곳은 외져, 입고 쓰는 것 옛 모습,
年豐笑語譁	풍년 들어, 웃음과 말소리 요란스

러워.

老夫維小艇	노인이 작은 배 동여매고,
半醉摘藤花	반 취해 등나무 꽃을 꺾네.

買履 / 나막신 사네

一雨三日泥	하루 비, 사흘 진흙탕,
泥乾雨還作	진흙이 마르면 또 비 오네.
出門每有礙	외출에 늘 방해되어,
使我慘不樂	나로 하여금 몹시 우울하게 하네.
百錢買木履	백 전 주고 나막신 사서
日日繞村行	날마다 마을 돌아다니네.
東阡與北陌	동쪽 길, 서쪽 길,
不閒陰與晴	개나 흐리나 상관없이.
靑鞋豈不佳	어찌 이 푸른 신발이 좋지 않다고.
要是缺耐久	하긴 오래 견디지 않지만.
何當踏深雪	언제건 깊은 눈 밟고
就飮湖橋酒	호수 다리께 주막집에 술 마시러 가려네.

東村 (二首)	**동쪽 마을 (2수)**
其一	(1)
野人知我出門稀	한 농부는 좀처럼 내 외출하지 않음을 알아,
男輟鉏耰女下機	남자는 괭이자루 놓고, 여자는 베틀에서 내리지.
掘得茈菇炊正熟	쇠귀나물 캐어 알맞게 끓이고,
一杯苦勸護寒歸	한 잔 술 정성껏 권하지, 돌아오는 길에 춥지 않도록.

山村經行因施藥	**산마을을 지나며 약을 주네**
其一	(1)
閑行偶復到山村	소풍 가다 우연히 이 산 마을에 다다르니,
父老遮留共一尊	한 노인장이 길 막고서 같이 술 한 잔 하자고 붙잡네.

曩日見公孫未晬	전번에 어른 뵀을 적엔 손자가 한 살도 안 되었는데,
如今已解牧雞豚	이젠 벌써 닭과 돼지 칠 수 있습니다.

其三	(3)

兒扶一老候溪邊	아이가 노인 부축하고 개울가에서 나를 기다리더니,
來告頭風久未痊	내게 와 하는 말, 노인의 두통이 오래 낫지 않는다고.
不用更求芎芷輩	궁궁이 따위 더 구할 것 없이
吾詩讀罷自醒然	내 시 읽고 나면 저절로 산뜻해지네.

其四	(4)

驢肩每帶藥囊行	나는 언제나 당나귀 어깨에 약 주머니 달아매고 가지,
村巷歡欣夾道迎	동네 골목에서 사람들이 길 끼고 나를 환영해.
共說向來曾活我	다들 말하기를 예전에 자기를 살

	려 주었다고,
生兒多以陸爲名	사람들은 어린애 나면 흔히 육자로[186] 이름 짓는다고.

初冬雜詠 (八首) 이른 겨울 (8수)

其三	(3)
兒時愛書百事廢	어렸을 적 책을 좋아해, 백 가지 일 제쳤지,
飯冷鮍乾呼不來	밥 차지고 고기 마른다고 불러도 가지 않았지.
一生被誤終未醒	일생 이 잘못 저지르면서도 끝내 깨어나지 못했네,
老作蠹魚吁可哀	늙어선 책 좀이 되었으니, 아 가엾어라.

186) 시인의 성.

沈園 (二首) / 심원[187] (2수)

其一	(1)
城上斜陽畵角哀	성벽 위에 기울어지는 해, 뿔나팔 소리 슬퍼라,
沈園非復舊池臺	심원은 못도 축대도 옛 모습 아니네.
傷心橋下春波綠	가슴 아파라, 다리 밑 봄 물결은 초록빛,
曾時驚鴻照影來	지난날 그 놀란 기러기 자태 저 물에 비쳤지.[188]
其二	(2)
夢斷香消四十年	잘라진 꿈, 사라진 향기, 사십 년 지났네,

---

187) 심원은 심씨(沈氏)의 정원이라는 뜻.

188) 육유는 이 시에서 그의 첫째 처, 당완(唐琬)을 생각하고 있다. 끝줄의 "놀란 기러기"는 미인의 모습을 가리킨다. 육유는 이 처를 매우 사랑하였으나 모친이 싫어하므로 이혼하게 된다. 이 시에서 결혼시에 그가 처와 같이 심원에 갔을 때를 회상한다. 이 시는 육유가 일흔네 살 때 작품이다. 당완은 재혼한다. 기록에 의하면, 그 후에 육유는 당완이 재혼한 남편과 함께 심원에 온 것을 우연히 또 만난다. 얼마 안 되어 당완은 죽는다. 육유는 노년에 이 외에도 당완을 생각하는 시를 몇 수 더 쓴다. 그 중 하나가 아래 옮긴 "십이 월 이일 밤 꿈에…"이다. 80세 때에 쓴 것이다.

沈園柳老不吹綿	심원의 버드나무 늙어서 버들개지 안 날려.
此身行作稽山土	이 몸도 얼마 안 가 계산[189]의 흙이 되겠네,
猶弔遺蹤一泫然	그래도 지난날을 슬퍼하며 또 눈물 흘리네.

十二月二日夜夢遊沈氏園亭 (二首) / 십이월 이일 밤 꿈에 심원을 거니네 (2수)

其一	(1)
路近城南已怕行	길이 성 남쪽에 가까워지니, 더 가기 두렵네.
沈家園裏更傷情	심원에 발 들이자, 또 쓰라린 생각.
香穿客袖梅花在	나그네 소매 스며드는 향기, 아직도 피는 매화꽃,
綠蘸寺橋春水生	초록에 젖은 절[190] 다리, 봄 물이 불었네.

[189] 곧 회계산(會稽山). 육유의 고향인 소흥(紹興) 근처에 있다.
[190] 심원 근처에 있는 절, 우적사(禹跡寺).

29. 高啓 (明) 29. 고계 (1336-1374)

青丘子歌 청구자의 노래[191]

青丘子 臞而淸	청구자, 여위고 맑아,
本是五雲閣下之仙卿	본래 오색구름 누각의 신선이었지.
何年降謫在世間	언젠가 유적 당해 인간 세상에 내려와,
向人不道姓與名	사람에게 성명을 말하지 않아.
躡履厭遠遊	신발 신으나 멀리 가기 싫어하고,
荷鋤懶躬耕	괭이 걸머지나 밭갈기에 게으르고.
有劍任鏽澀	검이 있어도 녹슬게 내버려두고,
有書任縱橫	책이 있어도 여기저기 널려 내버려두네.
不肯折腰爲五斗米	다섯 말 쌀 받으려 허리 굽히기 거부하고,[192]

---

191) 23세 때의 작품. 고계는 이 시에 붙인 서(序)에 다음과 같이 쓴다. "강가에 푸른 언덕이 있다. 그 남쪽에 집을 옮긴다. 따라서 나를 청구자라 호한다. 한가롭게 일 아니 하고, 하루 종일 시를 읊는다. 한가히 청구자의 노래를 지어 내 뜻을 써서 시음(詩淫)이라는 조롱을 푼다." 이 언덕은 소주(蘇州) 교외, 오송강(吳淞江) 가에 위치하고 있다.

192) 이 구는 도연명이 팽택의 영(令)을 할 적에 군(郡)에서 온 관리에게 예를 갖추어 접하라는 충고를 듣고, "내가 어찌 다섯 말 쌀 받기 위해 고

不肯掉舌下七十城	혓바닥 놀려 일흔 성[193] 항복시키기를 거절하네.
但好覓詩句	다만 즐겨 찾는 것은 시구,
自吟自酬賡	혼자 읊조리고 혼자 화운하지.
田間曳杖復帶索	밭 사이를 지팡이 끌고, 새끼띠 매고 가니,
傍人不識笑且輕	보는 사람들 모르고 웃으며 업신여기네.
謂是魯迂儒	세상모르는 노나라의 유생이라 부르고,
楚狂生	혹은 초나라의 미친 서생[194]이라 부르네.
青丘子聞之不介意	청구자 이를 듣고도 개의치 않고,
吟聲出吻不絕咿咿鳴	그의 읊는 소리 입술에서 멎지 않으니, 아, 아, 이, 이.
朝吟忘其飢	아침에 읊어, 굶주림 잊고,

분고분 시골 소인을 모시겠느냐"하고 그 날로 사직하고 고향에 돌아갔다는 고사에 의거한 것이다. 그러나 "귀거래혜사"(歸去來兮辭) 서문 (p. 76) 참조.

193) 이 구는 한(漢)의 여식기(酈食其)가 무력 대신에 변설로 제국(齊國)의 칠십 여 성(城)을 항복시킨 고사에 의거한다.

194) 『논어』, 제십팔 미자편(第十八 微子篇)에 초의 광인 접여(狂人 接輿)가 공자를 풍자하는 구절이 나온다.

暮吟散不平	저녁에 읊어, 불만 푸네.
當其苦吟時	읊는 데 열중할 때엔
兀兀如被酲	혼미하여 마치 술 취한 듯,
頭髮不暇櫛	머리는 빗을 겨를 없고,
家事不及營	집안일은 돌볼 것이 못 돼.
兒啼不知憐	아이 울어도 달랠 줄 몰라,
客至不果迎	손님 와도, 맞아들이지 못하네.
不憂回也空	광이 비어도 걱정하지 않는 안회[195],
不慕猗氏盈	의씨[196]의 부를 부러워하지 않지.
不慙被寬褐	헐렁한 누더기 걸쳐도 부끄럽지 않고,
不羨垂華纓	화려한 갓끈도 부럽지 않아.
不問龍虎苦戰鬪	용과 범의 싸움[197] 묻지 않고,
不管烏兔忙奔傾	까마귀 토끼의 겨룸[198]에도 무관심.

195) 안회는 공자의 제자. 『논어』, 제십일 선진편(第十一 先進篇)에서 공자가 "안회는 때때로 광이 비네"라고 말한다.

196) 의씨는 춘추시대 노(魯)의 큰 부호, 의돈(猗頓).

197) 영웅들의 패권 싸움을 가리킨다.

198) 해와 달의 진행, 곧 세월의 흐름을 뜻한다. 고대 신화에 태양에는 세 발 가진 까마귀, 달 속에는 약을 찧는 토끼가 있다고 믿었다.

向水際獨坐	냇가에 가선 물에 혼자 마주 앉고,
林中獨行	숲에 가선 혼자 거니네.
斲元氣 搜元精	천지의 원기 깎아내어 그 정기를 찾으니,
造化萬物難隱情	만물이 그 비밀 감추기 어려워.
冥茫八極遊心兵	광막한 우주에 마음의 병기 두루 놀리니
坐令無象作有聲	가만히 앉아 형상 없는 존재로 하여금 말하게 하네.
微如破懸蝨	그 정밀함은 소 털에 달린 벼룩 부술 듯,
壯若屠長鯨	호방함은 큰 고래 도살할 듯,
淸同吸沆瀣	맑음은 천상의 이슬 마심과도 같고,
險比排崢嶸	준험함은 우뚝 솟은 산봉우리와 겨룰 듯.
靄靄晴雲披	뭉게뭉게 맑은 구름이 피어오르는 양,
軋軋凍草萌	얼었던 풀싹이 생생히 싹트는 양.
高攀天根探月窟	높이 하늘 뿌리를 기어올라 달 속을 살펴보고,
犀照牛渚萬怪呈	무소뿔 횃불 들고 우저산의 온갖

	괴물을 밝히네.[199]
妙意俄同鬼神會	그 신비로운 마음 갑작스레 신의 경지에서 노는 듯,
佳景每與江山爭	가경이 강산과 겨루고,
星虹助光氣	별과 무지개 그 빛남 더하고,
煙霧滋華英	자욱한 안개 꽃을 윤택케 하네.
聽音諧韶樂	귀에 들리는 소리는 소악[200]의 음률,
咀味得大羹	씹어 보는 맛은 대강[201]의 진미.

世間無物爲我娛	이 세상 아무것도 나를 즐겁게 하지 않아,
自出金石相轟鏗	스스로 금석[202]을 꺼내어 쟁쟁 울리지.
江邊茅屋風雨晴	이 강변 초옥에 비바람이 개니,
閉門睡足詩初成	문 닫고, 잠도 족해, 시 하나 마치네.
叩壺自高歌	병 두드리며, 소리 높여 노래 부르며,
不顧俗耳驚	속된 귀 놀래도 염려 안 해.

199) 동진(東晉)의 온교(溫嶠)가 우저산에서 무소 뿔 횃불을 들고 수없는 괴물을 보았다는 고사가 있다.

200) 소는 순제(舜帝)의 음악.

201) 대강은 큰 제사 음식.

202) 금석은 종(鐘)과 경(磬), 악기를 가리킨다.

欲呼君山老父携諸仙所弄之長笛	바라기는 군산[203] 노인을 불러 신선들 부는 긴 피리 가져오도록 해서
和我此歌吹月明	나의 이 노래와 음 맞추어 달빛 아래 불게 했으면.
但愁歘忽波浪起	다만 두렵네, 갑작스레 큰 파도가 일어,
鳥獸駭叫山搖崩	새와 짐승이 놀라 소리 지르고, 산이 진동하여 무너지겠네.
天帝聞之怒	천제 이 소동 듣고 노하여,
下遣白鶴迎	흰 학을 내려보내 나를 불러 가리라.
不容在世作狡獪	이 세상에서 간사스런 꾀부림을 용납치 않아,
復結飛佩還瑤京	나로 하여금 하늘 나는 띠 띠고 요경[204]에 돌아가게 하리라.

203) 군산은 동정호(洞庭湖) 안에 있는 섬. 그 섬에 사는 한 노인이 신선들에게서 여러 가지 피리를 받았는데, 그걸 부니 천지에 큰 변동이 일어났다고 하는 이야기가 있다.

204) 요경은 옥의 서울이라는 뜻으로, 하늘의 궁전을 가리킨다.

雨中閒臥	비 내리는데 고요히 누워
牀隱屛風竹几斜	침상이 병풍에 기대고, 대나무 책상 비스듬히 섰네,
臥看新燕到貧家	누워서 새 제비 이 가난한 집에 옴을 보네.
閒居心上渾無事	한가로운 살림, 마음은 흐리멍덩, 할 일 없이,
對雨唯憂損杏花	내리는 비 보며 그저 살구꽃 상하는 것 걱정하네.

尋胡隱君	은자 호 도사를 찾아가네
渡水渡水	물 건너고, 또 물 건너,
看花還看花	꽃 보고, 또 꽃 보며,
春風江上路	봄바람 부는 강가 길,
不覺到君家	모르는 새 도사님 집에 다다랐나이다.

我愁從何來 / 내 수심은 어디서 오는고

我愁從何來	내 수심은 어디서 오는고,
秋至忽見之	가을이 오면 홀연히 이것이 나타나지.
欲言竟難名	표현하려 하나 끝내 이름하기 어려워,
泯然聊自知	어렴풋하나 분명히 스스로 의식하는 것.
汲汲豈畏老	어찌 급급히 늙어감을 두려워하랴,
悽悽詎嗟卑	어찌 초조히 비천함 한탄하랴.
旣非貧士歎	결코 가난한 서생의 탄식이 아니네,
寧是還客悲	오히려 귀양살이의 슬픔인고,
謂在念歸日	돌아갈 날 생각해서인고,
故鄕未曾離	나는 고향 떠난 적 없네.
謂當送別處	송별할 곳에 다다라서인고,
親愛元無睽	나는 원래 친지와 떨어져 본 적 없네.
初將比蔓草	처음에 이 수심을 덩굴 풀에 비했지,
夕露不可萎	저녁 이슬에 시들어 가지 않네.

又將比煙霧	또 자욱한 안개에 비했지,
秋風未能披	가을바람 불어도 흩어지지 않네.
藹然心目間	마음과 눈 사이에 자욱해라,
來速去苦遲	오기는 재나, 가기는 몹시 더디네.
借問有此愁	묻건대 이 수심
於今幾何時	지금껏 얼마나 오래되는고.

昔宅西澗濱	예전에 서쪽 시냇가에 살면서,
尙樂山水奇	기이한 산수를 즐겼네.
玆還東園中	이제 이 동쪽 전원에 돌아와,
重歎草木衰	시들어가는 초목 거듭 슬퍼하네.
閒居誰我顧	한거하니 누가 나를 돌아보랴,
惟有愁相隨	오직 이 수심 나의 동반자.
世人多自歡	세상 사람들 스스로 매우 즐거워,
遊宴方未疲	큰 잔치 벌여 놀며, 언제고 지칠 줄 모르네.
而我獨懷此	나만 홀로 속에 이 수심 품었네,
徘徊自何爲	배회한들 무슨 소용 있으랴.[205]

205) 노자 『도덕경』 제이십장(老子 道德經 第二十章)에 다음 구절이 들어있다.

뭇 사람들은 희희낙락하네,
태뢰 잔치를 벌이는 듯,
봄날 망루에 오르는 듯.
나 혼자 담담하여 동할 기미조차 아니 보여.

마치 웃을 줄 모르는 갓난아이인 양.
이 지친 몸은 마치 돌아갈 곳이 없는 양.
뭇 사람들은 여유 있는데
나 혼자 부족하네.
나는 우둔한 마음,
혼돈스러워.
세상 사람들은 밝은데
나 혼자 어두워.
세상 사람들은 날카로운데
나 혼자 멍청하네.
고요해라, 마치 바다인 양,
높이 부는 센 바람 소리 멎을 줄 모르는 듯.
뭇 사람들은 모두 쓸모 있는데
나 혼자 완고하고 야비하네.
나 홀로 세상 사람들과 달라
젖먹이는 어미를 귀히 여기네.

부록: 중국시의 이미지

무릇 시의 생명은 이미지(image, imagery)라고 해도 좋으리라. 그런데 중국시에 있어서 이미지가 둘 이상 독립적으로 병치되는 경우가 적지 않다. 이것은 분명히 중국어의 문장 구성법(syntax)이 허락하는 것이겠지마는, 우리말뿐만 아니라 일어(日語)나 여러 유럽 계통의 언어로 옮길 때에 문제가 된다. 그 근본 이유는 이들 언어가 문장 구성법 상 이미지의 병치를 허용하지 않기 때문이다.[206)]

여기 대여섯 예를 들어 이 문제를 고려하겠다.

(1) 鶉之奔奔/ 鵲之彊彊/ 人之無良/ 我以爲兄 (『시경』, "사나운 메추라기")

(2) 苔徑臨江竹/ 茅簷覆地花 (두보, "봄에 돌아오네")

(3) 國破山河在 (두보, "봄 경치")

(4) 窮猿旣投林/ 疲馬初解鞅 (소식, "도연명의 시, '전원에 돌아

---

206) 필자가 중국시의 이미지 병치로 인해 생기는 번역 문제를 생각하게 된 것은 미국 캘리포니아 대학 (San Diego)의 Wai-lim Yip 교수의 덕택이다. 그는 중국시의 이미지 병치를 지적하고, 그것이 중국시를 영어로 옮기는 경우에 가져오는 문제를 그의 책, *Chinese Poetry* (Berkeley: University of California Press, 1976), Introduction과 *Ezra Pound's Cathay* (Princeton: Princeton University Press, 1969), Chap. 1에서 다룬다.

오네'에 화운하여")

(5) 春水六七里/ 夕陽三四家 (육유, "호수에 배 띄워 동경에 이르네")

이 시구들을 글자를 따라 우리말로 다음과 같이 직역해 본다.

(1') 메추라기의 사나움/ 까치의 폭행스러움/ 저 사람의 못됨/ 내가 형이라 함.

(2') 이끼 오솔길, 강가 대나무/ 띠 처마, 땅 덮은 꽃.

(3') 나라 망하다, 산하 남아있다.

(4') 궁경에 몰린 원숭이 숲에 들어갔다/ 지친 말 처음 굴레 벗다.

(5') 봄 물, 육 칠 리/ 석양, 서너 집.

이와 같은 직역으로써는 독자가 시감(詩感)을 느끼기 힘들겠다. 그러면 이런 시구를 옮길 때 어떻게 처리할 것인가. 이제 시정(詩情)을 염두에 두고 옮겨 보자.

(1'') 사나운 메추라기/ 강탈하는 까치/ 저 못된 사람/ 형이라 불러야 하는가.

(2'') 이끼 낀 오솔길, 강가의 대나무들/ 띳집 처마, 땅 덮은 꽃들.

(3'') 나라는 망하고, 산하는 여전히 남았네.

(4'') 궁경 벗어나 숲에 돌아간 원숭이/ 처음 굴레 벗은 지친 말.

(5'') 봄 날 물길, 육 칠 리/ 석양, 서너 집.

(1'') – (5'')는 어느 정도 시감을 주리라. 여기서 주의할 것은 이들 번역에서 원시(原詩)에서처럼, 병치된 이미지들이 독립되어 있어, 그들의 관계가 명시되지 않았다는 점이다. 그런 면에서 (1'') – (5'')는 본래의 시구에 충실하다고 보겠다. 이들 번역에서, (3'')을 제외하면, 실상 이미지들은 단순히 늘어놓음에 불과하다. 특히 (2'')에선, 네 이미지 (곧, "이끼 낀 오솔길", "강가의 대나무들", "띳집 처마", "땅 덮은 꽃들")가 나열되었다. 그들 사이에 무슨 관계가 있는가. 없다. 엄격히 말하면, (3'') 이외의 번역구들은 문장이라 할 수 없겠다. 말하자면, 우리말 문장 구성법 밖에 있다고 하겠다. 그러면서도 독자의 마음속에 뚜렷한 이미지를 자아낸다. 이 사실은 극히 중요하다. 이미지의 세계는 꼭 문장 구성법(syntax) 속에 있는 것이 아니라고 말할 수 있지 않을까.

이제 앞에서 제외한 (3'')을 검토해 보자. (3'')은 완전한 문장이다. 그러나 여기의 두 이미지, 즉 "망한 나라"와 "여전히 남은 산하"도 독립적으로 병치되어 있다. 이는 우리말 문장 구성법이 허용하는 병치라 할 수 있겠다. 그런데 이 유명한 두보의 시구를 옮기는데, 두 이미지의 대조적 관계 (즉, 나라는 망해 버리고, 산하는 여전하다는 관계)를 번역문에 명시하거나 암시하는 것이 보통이다. (그 예는 우리말 번역에서 뿐만 아니라 일어와 영어 번역에서도 많이 본다.) 예를 들어, "나라는 망해도 산하는 여전하고"라는 번역에서, "망해도"라고 하는 것은 다음 이미지와의 대조적 관계를 넌지시 뜻하는 것이 분명하다.[207]

아마 혹자는 물으리라. 두보의 시구 (3) 자체가 그와 같은 대조를 은연중 암시할 뿐만 아니라, 바로 그 대조가 그 시구의 미(美)를 느끼게 하는 것이 아닌가. 그렇다면 왜 그걸 번역에 명시하지 못하는가. 나의 답은 단순히 그것이 해석적 요소를 번역에 집어넣기 때문이라는 것이 아니다. 더 근본적인 이유가 있다. 앞에서 시의 생명은 이미지라 했다. 이제 한 걸음 나아가 시의 세계는 이미지의 세계라 하겠다. 한편 이와 달리, 생각의 세계는 관념(idea)의 세계이

---

207) 두 이미지의 대조적 관계를 명시하는 영역의 예로 "Though a country is sundered, hills and rivers endure" (Witter Bynner, *The Jade Mountain* (New York, 1919)를 들겠다.

다. 따라서 두 세계는 본질적으로 다르다. (이 두 세계의 차이를 말하는 것은 반드시 둘 사이에 관계가 없다는 것이 아니다. 여기서 물론 둘의 관계를 논할 것이 못 된다. 그것은 인식론이나 신경 과학에서 다룰 문제리라.)

두보의 "國破山河在"를 읽을 때 독자는 망한 나라와 여전한 산하의 대조를 느낀다. 여기서 주의할 것은 이 대조는 독자가 보는 심상(心像)을 통해서 느끼는 시감(詩感)이지, 엄밀히 말해서, 보는 이미지가 아니다. 보는 이미지는 망한 나라요, 여전한 산하다. 가령 내가 눈앞에 검은 강아지와 흰 강아지를 본다고 하자. 내가 눈으로 보는 것은 두 빛의 강아지이지, 그들의 대조가 아니다. 대조를 의식하는 것은 나의 느낌이다. 더 넓혀 일반적으로 말한다면, (영상이든 심상이든) 어느 두 이미지의 관계는 인식하는 자의 판단이라고 하겠다. 그것은 대조 관계에 한하는 것이 아니다. 이미지의 유사, 아이러니, 부조화 등도 마찬가지다. 이렇게 말하는 것은 시의 세계에서 이런 관계를 한낱 주관적인 것으로 추방하자는 것이 아니다. 오히려 그런 것이 시감의 영역에 속함을 인정하자는 것이다. 시감을 자아내지 않는 시는 시가 아니다. 시는 물론 시인의 것이다, 하지만 시감은 시를 읽고 느끼는 자의 것이다. 다시 두보의 "國破山河在"로 돌아가서, 시인이 우리에게 보여주는 것은 망한 나라와 여전한 산하의 두 이미지뿐이다. 그런데 독자는 거기서 대조를 느끼며, 바로 그 대조 때문에 망한 나라에 대한 슬픔을 더 절실히 느끼는 것이 아닌가. 이는 시감의 경지이다.

한편, "나라는 망해도 산하는 여전하고"라는 번역은 어떤가. 앞에서 지적한 바대로, "망해도"라는 어구가 두 이미지의 대조를 명시한다. 이 면에서 그것이 그 두 이미지를 병치한 원시에 충실치 않음은 재언을 요하지 않는다. 그보다 더 근본적인 문제가 있다. 대조를 명시함으로써 독자가 병치된 이미지에서 스스로 대조를 느낄 가능성을 박탈한다. 한 마디로 독자에게서 시감을 느낄 기회를 빼앗는다고 하겠다. 왜? 보통 산문의 세계는 생각의 세계이다. 산문을 읽는 마음은 관념(idea)에서 관념으로 넘어간다. 말하자면 관념의 세계에서 논다. 그래서 이미지를 그리고 그것을 의식할 겨를이 없다. "나라는 망해도 산하는 여전하고"라는 문장을 읽을 때, 마음은 망한 나라와 여전한 산하의 두 심상(images)을 그리고 그 대조를 느끼기보다, 망한 나라와 여전한 산하의 두 관념(ideas)의 대조를 인식함에 그치기 일쑤다. 그러는 한, 시의 세계와는 거리가 멀어진다. 물론 (3")("나라는 망하고, 산하는 여전히 남았네.")도 단순히 관념적으로 읽기 쉽다. 그러는 한, 이 유명한 시구도 시의 세계와는 무관할 것이다.

이 글이 너무 이론적이 되지 않았는지 우려된다. 변명으로 한 마디 한다. 역자는 이 책에서 병치된 원시(原詩)의 이미지를 다룸에 있어서 우리 귀에 너무 거슬리지 않는 한, 되도록 그냥 병치하려고 노력했다. 그렇게 함으로써 독자로 하여금 시의 이미지를 통하여 직접 시감을 느낄 기회를 주려고 하였다. 병치된 이미지의 관계를 명시하는 것은 결과적으로 시를 산문화하고, 그리하여 읽는 이로 하여금 이미지의 세계를 떠나 관념의 세계로 들어가게 하기 쉽기 때문이다.

마지막으로 한 시인의 말을 인용하겠다. "Poetry cannot be read···, it can only be reread."[208] 아마 이 말은 시를 바로 음미하는 태도를 암시하리라. 시는 한 번 슬쩍 읽고 말 것이 아니라, 그것이 마음에 들면 두고두고 읽을 것이라고. 왜? 시의 세계가 깊은 진리(관념)를 품기 때문인가. 아니다. 관념적으로 읽어서는 시의 세계, 즉 이미지의 세계에는 발도 들일 수 없기 때문이다. 어느 한 작가는 시는 천천이 읽어야 한다고 말했다. 같은 이유에서일 것이다. 시의 이미지가 독자의 의식 속에 들어오기 위해서는 정신 집

208) Jay Parini, *Why Poetry Matters* (New Haven: Yale University Press, 2008), p. 14.

중이 필요하기 때문이다. 정신 집중은 물론 마음에 조용히 새기는 과정, 즉 의식하는 경지이겠다. 선경(禪境)에 가깝다 하겠다.

후기

(1)

여기 이 시선의 자료로 쓴 책들을 열거하겠다.

(1) 目加田誠 譯, 『詩經, 楚辭』(東京: 平凡社, 1979).
(2) 松枝茂夫 編, 『中國名詩選』(上, 中, 下) (東京: 岩波書店, 1992-93).
(3) 松枝茂夫, 和田武司 譯注, 『陶淵明全集』(上, 下) (東京: 岩波書店, 2010).
(4) 小川環樹, 都留春雄, 入谷仙介 選譯, 『王維詩集』(東京: 岩波書店, 1990).
(5) 松浦友久 編譯, 『李白詩選』(東京: 岩波書店, 2012).
(6) 黑川洋一 編, 『杜甫詩選』(東京: 岩波書店, 2011).
(7) 下定雅弘 編譯, 『柳宗元詩選』(東京: 岩波書店, 2011).
(8) 川合康三 譯注, 『白樂天詩選』(上, 下) (東京: 岩波書店, 2011).
(9) 小川環樹, 山本和義 選譯. 『蘇東坡詩選』(東京: 岩波書店, 2011).

(10) 一海知義 編, 『陸游詩選』(東京: 岩波書店, 2007).

(11) 前野直彬 注解, 『唐詩選』(上, 中, 下) (東京: 岩波書店, 2011).

(12) 吉川幸次郎, 『宋詩概說』(東京: 岩波書店, 2007).

(이들 책 외에 시 뒤 편은 다른 책에서 추린 것인데, 그런 경우에는 제목에 단 주에서 그 출처를 밝힌다.)

상기한 책들은 다 원시(原詩)에 주석을 붙였는데, 그것이 역자에게 크게 도움이 되었다. 적지 않은 경우에 그들의 주석 없이는 옮기는 데에 갈피 잡기도 어려웠을 것이다. 특히 『시경』과 『초사』를 옮기는 데에 그러하였다. 이 두 고전 해석에는 특히 目加田誠의 주석과 아울러, Arthur Waley의 *The Book of Songs*와 David Hawkes의 *The Songs of the South*의 덕을 많이 입었다. 때때로 역자의 해석이 위의 주석자들의 해석과 달랐음은 두말할 바 아니리라.

아마 이 시선(詩選)의 독자들은 위의 참고 문헌 가운데에 한국 간행물이라곤 하나도 포함돼 있지 않은 것이 눈에 띄리라. 이 유감스러운 사정을 설명하기 위해서 역자의 한시(漢詩) 공부 과정에 대해 몇 마디 해야 하겠다. 우선 내가 한문을 배운 것이 일정 시대 중학 때였다. 그 후 대학 수

업 시절뿐만 아니라, 미국에서 대학 교수로 마흔에 이르도록, 한시는커녕 한문책이라곤 좀처럼 들여다볼 기회가 없었다. 전문 분야가 서양 철학이었다. 그러다가 70년도에 마음에 큰 변화가 생겨서 선(禪) 공부를 시작하여, 차차 중국 고전에도 눈을 뜨게 된 것이다. 마침 1975년에 안식년 휴가를 받아 도쿄의 조동종(曹洞宗) 계통 대학에 간다. 거기서 선 관계 한서를 읽게 된다. 그 후 중국 고전 공부가 선 공부와 아울러 나의 주된 작업이 된다. 그러는 동안에 접한 한문 서적이라곤 다 일본 간행물이었다. 그런 사정에서 한시 공부에 있어서도 손쉽게 접할 수 있는 시집이란 자연히 일본 서적들이었다. 물론 이 선집 작업을 하면서, 우리말로 된 중국시 번역물을 참고하는 것이 타당했으리라. 하지만 솔직히 말해서 거기 대한 저항심이 없지 않았다. 그 근본 이유는 이 책을 좋건 궂건 나 자신의 감상의 열매로 만들자는 의욕이었다. 사실 그런 관점에서 상기한 일본 주석물도 읽었거니와, 이제 새로 우리말로 된 남의 해석을 들여다볼 생각이 없었다.

(2)

이와 같은 고백은 어떤 의미에서 이 시선의 성격을 보여주리라. 머리말에서 이 책에 포함된 시인들의 자연관(自然觀)을 언급하면서 그들이 말하는 자연은 중국의 산수화(山水畵)에서 보는 자연이라고 했다. 그런 뜻에서 그들의 자연시는 그들이 묘사한 산수화라 해도 좋으리라. 또 그들이 그린 전원시는 그들의 전원화라 할 수 없을까. 나는 그들의 자연시, 전원시를 읽으면서, 마치 산수화를 감상하듯이, 근본적으로 감상하는 마음으로, 아니, 감상하는 눈으로, 읽었다. 무엇보다 시의 이미지(image)가 나 자신에게 시감을 돋구느냐 하는 것이 주된 관심이었다. 이 말을 하는 것은 그와 같은 감상의 눈으로 독자들이 여기 실린 시들을 읽기를 바라기 때문이다. 물론 이에 때때로 문자나 글귀의 해석이 앞서지 않을 수 없다. 그러나 해석은 시의 이미지의 감상을 위한 것이지 시구(詩句) 자체에 대한 분석적 해석이 아니다. 때로 전고(典故)도 필요하다. 하지만 그것이 감상에 도움이 되지 않는 한 무의미할 뿐만 아니라, 흔히 감상하는 눈을 흐리게 하고 심지어 보는 눈을 가리게도 할 것이다.

엄격한 의미에서, 이 시선은 역자가 그의 감상의 눈으로 고른 시집이고, 그의 감상의 눈으로 옮긴 시집이다. 이렇게 말하면 이 시선의 주관성을 말하지 않는가 할는지 모른다. 나는 "주관", "객관"과 같은 용어를 꺼린다. 더욱이 어떻게 감상을 말하면서 "주관적" 혹은 "객관적" 감상을 논하겠는가. 물론 감상은 보고 느끼는 일이다. 어떻게 "보는" 주체(즉 보는 눈과 느끼는 마음) 없는 감상이 있으며, 보이는 대상 없는 감상이 있겠는가. 이런 면에서 "주관적" 감상도 없고 "객관적" 감상도 없다. 바꿔 말하면 모든 감상은, 그것이 참된 감상인 한, 동시에 주관적이오 객관적이다. 그래서 실상 "주관적" 감상을 두려워하는 것은 감상이라는 인간의 경험적 현상을 외면하는 결과를 초래하고 만다. 그 결과는 무엇인가. 언구(言句) 해석이나 전고나 시형론(詩形論)을 주로 하는 주석에 그치는 일이 아닌가.

이렇게 말하는 것은 물론 시에 대한 학문적 연구를 거부하는 것이 아니다. 더욱이 천 년, 이천 년 전 중국시를 그런 연구의 혜택 없이 어떻게 읽고 감상할 수 있겠는가. 위에 열거한 이 시선의 자료들은 다 그와 같은 학문적 연구의 소산임은 물론이다. 그런 결과 없이 나 자신의 시 감상 가능성이 크게 제한되었을 것은 재언을 요하지 않겠다.

여기 이 시선을 세상에 보냄에 있어 역자의 의도가 중국의 자연시, 전원시의 세계를 독자들에게 소개하는 것이었음을 강조하겠다. 이것은 학술적 연구서가 아니다. 현재 우리나라에 그런 연구서가 이미 많이 있는가. 있으리라 믿는다. 물론 이 희망은 많은 독자들의 시 감상을 위한 것이다.

끝으로 맺음에 앞서, 이십여 년 전에 돌아간 벗, 고 서경수(徐景洙) 교수 생각을 아니 할 수 없다. 그와 같이 아마 법주사에 갔을 때 일이었으리라. 그는 지금 기억에는 없지만 무슨 한시 하나 읽고 나서 나에게 "김형, 한시 공부해요. 노년에 그 세계처럼 즐길 세계가 없소"라고 말했다. 그 말의 진실성을 나는 여든이 돼서야 깨달았다. 그는 그 때에 아마 예순도 안 됐을 것이다. 그의 웃는 얼굴이 눈앞을 스친다.